中国古代司法的精神

（修订本）

何永军 著

中華書局

图书在版编目(CIP)数据

中国古代司法的精神/何永军著.—修订本. —北京:中华书局,2024.1
ISBN 978-7-101-16320-9

Ⅰ.中… Ⅱ.何… Ⅲ.司法制度-法制史-研究-中国-古代
Ⅳ.D929.2

中国国家版本馆 CIP 数据核字(2023)第 154391 号

书　　名	中国古代司法的精神(修订本)
著　　者	何永军
责任编辑	王传龙
责任印制	陈丽娜
出版发行	中华书局 (北京市丰台区太平桥西里 38 号　100073) http://www.zhbc.com.cn E-mail:zhbc@zhbc.com.cn
印　　刷	天津善印科技有限公司
版　　次	2024 年 1 月第 1 版 2024 年 1 月第 1 次印刷
规　　格	开本/880×1230 毫米　1/32 印张 8¾　插页 2　字数 170 千字
国际书号	ISBN 978-7-101-16320-9
定　　价	45.00 元

目录

做学问的理想状态 刘思达 /I

绪　论 /3

家天下 /4

赏　罚 /6

教　化 /9

敬畏心 /13

私与公 /19

工　具 /25

第一章　目的与理想 /33

止　争 /36

惩　罚 /39

无　刑 /47

无　讼 /54

第二章　价值目标 /67

守　信 /68

公　正 /76

效　率 /85

第三章　政策与原则 /103

慎　刑 /104

宽猛相济 /121

第四章　主体结构 /129

君　主 /130

官　员 /147

胥　吏 /167

绅　士 /177

黎　民 /182

第五章　判决依据 /191

天　道 /196

经　义 /199

国　法 /204

人　情 /207

第六章 方法技艺 /219
悬 赏 /223
耳 目 /226
私 访 /228
检 验 /231
五 听 /237
刑 讯 /242
权 谋 /252

结 语 /259

做学问的理想状态

读书人做学问的理想状态，是可以不受任何沽名钓誉之事羁绊，随心所欲地钻研自己感兴趣的问题。然而，在21世纪初日趋制度化的学术体制里，包括我本人在内的绝大多数学者都已经被深深地嵌入了课题、职称、核心期刊、影响因子等对学术本身毫无意义的事情所编织成的一张网里，与随心所欲的理想状态渐行渐远。

本书的作者何永军教授，是我见过的离这种理想状态最近的读书人。我与永军兄相识于十年前，那时两个人都还是博士研究生，我正在进行对中国法律职业的田野调查，而他则刚刚完成了一篇关于人民司法传统的博士论文，也就是于2008年出版的《断裂与延续——人民法院建设（1978—2005）》。我有幸在永军兄的书付梓前读到了该书全文，被其中详实的史料与严谨的学理分析所深深震撼，这在当年浮躁的国内法学界可谓独树一帜，我至今都认为那本书是当代中国法学史上不多的可以传世的作品。

这本《中国古代司法的精神》，是何永军教授关于司法问题的第二部力作，也是他进一步接近做学问理想状态的最好证明。对学术体制而言，这是一本很难归类的书，因为它既不是传统的法制史研究，也不是近年来逐渐流行的“社科法学”研究，而是一项基于对大量古籍的深入阅读而对中国古代司法的基本形态及其精神所做的整理和归纳。如作者在绪论中所言，当代中国法学学者们在研究和思考问题时往往“两眼只盯着西方，而对自己老祖宗留下的包袱和遗产均认识不足”，过去二十多年的司法改革中所走的许多弯路都与这个学术倾向有关。因此，本书的主题虽然是古代司法，但作者的问题意识和写作意图其实是以史为鉴，为当代中国的司法改革提供一些值得参考的材料和思路。从这个意义上讲，这本书所面向的读者群并不只是法制史专业的学者，而是所有关心中国法律制度之过去与未来的人。

如何归纳中国古代司法的精神？面对这个看似十分宏大的题目，何永军教授从目的与理想、价值目标、政策与原则、主体结构、判决依据、方法技艺六个方面入手，对自西周以来中国几千年法制史中的“家天下”“教化”“无讼”“慎刑”等至今都对中国司法实践影响深远的理念和制度进行了基于经、史、子、集等大量传世文献的文本分析。书中对史料的自如运用不仅体现了作者对古籍的渊博知识，最难能可贵的是，作者并不一味追求文字的华丽或艰深，而是力图以最为平实的语言和行文方式来架起一座古代文献与当代读者之间的桥梁——这对许多直接阅读古籍有困难的读者尤为重要。如果说何永军教授的第一本书全面展现了中国改革开放后三十年司法史的话，那么这本新作则将视野向后延伸了几千年，其论述和分析并不求“全”，而是求“简”，以最小的篇幅呈现出中国古代司法最核心的理念与制度安排。

在当今片面追求核心期刊和引用率的学术评价体系之内，类似于这本书的学术作品已经是凤毛麟角，因为它既不会在短期内给作者带来任何名利，也无法进入期刊数据库，获得那些对于职称和学术评价有直接贡献的统计数据。追求学术理想状态的读书人大多是寂寞和孤独的，他们不懂得张扬，而只是用自己的文字和思想，静静地为读者展开一个新世界，期待有人能在这个世界里得到些有价值的东西。何永军教授就是这样一个人，而他的作品，也一直是我学习的榜样。在本书付梓之际，我衷心希望，它能像作者所期望的那样，帮助读者们“更好地理解我们当下的司法制度和实践，了解其诸多问题的历史根源，明白我们未来努力的方向”。我更希望，未来的中国法学界能少一点投机取巧的应景之作，而有更多学者像何永军教授这样，为了写一本好书，下几年甚至十几年的苦功夫。

刘思达

2016年7月27日完稿于北京

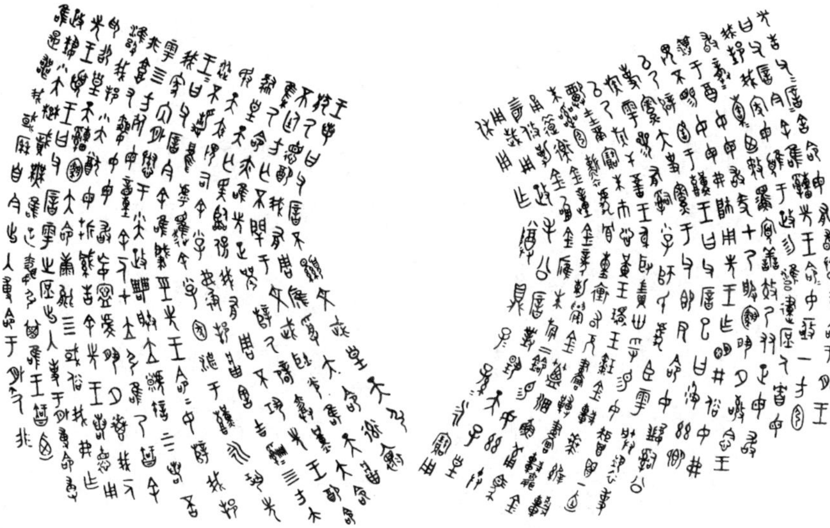

西周铜器毛公鼎铭文摹本（其中有“丕显文武，皇天弘猒厥德，配我有周，膺受大命”等文句）

东周铜器秦公镈铭文摹本(其中有“我先祖受天命,赏宅受国”等文句)

绪 论

建立符合法治精神的现代司法制度是中国司法改革的基本目标，但要完成此任务，我们必须澄清如下两个问题：一是中国传统司法的弊病所在，明确病因方能对症下药，如果我们不能对传统司法作出一个正确的诊断，那么改革很可能因为缺乏针对性而迷失方向和目标；二是要弄清楚我们的思想和制度库存，哪些传统的思想和制度是当下乃至未来我们仍然可资借用的，哪些思想和制度则是我们需要进一步清除并加以埋葬的，现代化绝不可能以完全割断传统而另起炉灶的方式获得成功。

最近数十年来国内外关于中国古代司法的研究成果可以说蔚为大观，但是以澄清此两点为使命的集中、立体和全景式的研究成果仍不多见。目前国内部分立法者、法学研究者和司法实务工作者基本上是在对中国传统司法一知半解（甚至是一无所知）的情况下进行着立法、研究和司法工作，致使在思考中国当下的诸多司法问题时普遍缺乏长时段的历史眼光和视野，两眼只盯着西方，而对自己老祖宗留下的包袱和遗产均认识不足，这极大地影响到了其对相关问题的分析、判断以及实务工作的成效，以致我们一再延误了改革进程，错失了改革的良机。

笔者写作本书的目的，正是试图为改变这一状况尽一点绵薄之力。为此，在这本小册子中，笔者拟对中国古代司法的理念、制度和技术诸方面作一个集中、立体和全景式的速描，以便揭示出其基本精神特质，让读者对中国古代司法的理念、制度、技术及其成就和问题有一个大体的把握，故将本书名为《中国古代司法的精神》。但在进入正题之前，还有一些重要问题需要略作交待，那就是关于中国古代司法置身其间的政治大环境和社会结构以及由其决定的实际处境，理解这些比弄懂司法理念、制度和技术本身要重要得多。

家天下

要正确理解中国古代司法的处境还得从“家天下”说起。马端临曾说“盖家天下自夏始”（《文献通考·封建考六》），据说中国五帝时实行的是“选贤与能”的禅让制，即官天下（又称公天下），大禹的儿子启废除了禅让制，直接继承其父亲的王位建立了夏朝，从而形成了中国古代“家天下”的政治传统。这就是所谓的“五帝官天下，三王家天下，家以传子，官以传贤”（《汉书·盖宽饶传》），“古者以天下为公，唯贤是与。后代世位，立子以適；

若適嗣不继，则宜取旁亲明德，若汉之文、宣者，斯不易之常准也”（《三国志·魏书·三少帝纪》）。

从西周的封建时代进化到秦王朝开启的专制时代，家天下的政治格局不但没有改变，反而因为君主权力的不断强化而日渐被推演到极端化的程度。秦始皇就让人在碑文中称“六合之内，皇帝之土”“人迹所至，无不臣者”（《史记·秦始皇本纪》），宣示天下的土地和人民全归他所有。刘邦也把天下视作自己的“产业”，他曾在未央宫前殿当着群臣的面揶揄其父亲说：“始大人常以臣无赖，不能治产业，不如仲力。今某之业所就孰与仲多？”（《史记·高祖本纪》）引发群臣皆呼万岁，大笑为乐。汉哀帝时拟拜龚舍为太山太守，先准备让龚舍到县衙大厅上拜受印绶，而龚舍以“王者以天下为家，何必县官”（《汉书·龚舍传》）为由在自己家中接受了诏书，上路就任。对于中国古代的君主，诸葛恪曾界定说“帝王之尊，与天同位，是以家天下，臣父兄，四海之内，皆为臣妾”（《三国志·吴书·孙奋传》）。天下皆是皇帝的家，天下的人民和财产皆是其产业的思想贯穿于专制中国始终，后来司马光就以“王者以天下为家，天下之财皆其有也”来批判当皇帝还想私藏财产的愚蠢做法，说“此匹夫之鄙志也”（《资治通鉴·唐纪四十九》）。①

在“溥天之下，莫非王土；率土之滨，莫非王臣”（《诗经·北

① 当然，对于家天下历史上也有人批判，最有名者当属黄宗羲，他在《原君》篇中批判君主以天下为私产的思想和现实，说：“然则为天下之大害者，君而已矣！向使无君，人各得自私也，人各得自利也。”

山》）的情况下，天下只是君主一人之天下，国不过是一家一姓之国，天下安危当然就系于君主一人，[①]而君主对作为自身产业的臣民当然具有任意支配和处分的权力，拥有专断的生杀予夺大权，即“明王之所操者六：生之、杀之、富之、贫之、贵之、贱之”（《管子·任法》）。而臣民对君主必须“畏之如雷电，敬之如明神”（《魏书·张普惠传》），对其绝对尽忠尽孝，对君主的决定即使不情愿也不得不接受。

赏 罚

天下是皇帝一人的，那么皇帝用什么手段来治理天下呢？中国先贤开出的处方就是赏罚。《尚书》中被顾颉刚断定为西周作品的《盘庚》《康诰》《多士》《多方》和《吕刑》诸篇就一再出现“罚”字，证明当时惩罚已被广泛运用于社会的治理。但“赏罚”作为一固定词汇，最早源自何时现已不可考，不过最迟在东周期间“赏罚”已成了固定用法，因为成篇于东周期间的伪古文尚书《康王之诰》篇中已有“惟新陟王毕协赏罚”的记载，称赞周成王赏罚公平合宜。而在战国期间的文献中，赏罚作为固定搭配已较为常见。

对赏罚作出系统论述并将其上升到治国高度的是法家。在法

---

①贞观五年（631年），唐太宗就对侍臣说：“今天下安危，系之于朕，故日慎一日，虽休勿休。”（《贞观政要·政体》）

家的话语中，赏罚是君主行使权威、驾驭天下的权柄，是治国理政的不二法门。例如，《管子》的作者就讲：“赏赐刑罚，主之节也。四时未尝不生杀也，主未尝不赏罚也。”(《形势解》)“治国有三器……三器者何也？曰：号令也，斧钺也，禄赏也。”(《版法解》)“是故国之所以为国者，民体以为国；君之所以为君者，赏罚以为君。”(《君臣下》)《韩非子》的作者也说：“明主之所导制其臣者，二柄而已矣。二柄者，刑、德也。何谓刑、德？曰：杀戮之谓刑，庆赏之谓德。”(《二柄》)“无威严之势，赏罚之法，虽尧、舜不能以为治。”“治国之有法术赏罚，犹若陆行之有犀车良马也，水行之有轻舟便楫也，乘之者遂得其成。”(《奸劫弑臣》)“故万物必有盛衰，万事必有弛张，国家必有文武，官治必有赏罚。”(《解老》)“赏罚者，邦之利器也。”(《喻老》)“夫赏罚之为道，利器也。君固握之，不可以示人。”(《内储说上》)

汉以来儒法合流，法家的赏罚思想被人们完全接受，诸如“赏罚所以劝善禁恶，政之本也”(《汉书·韩延寿传》)、“赏罚理国之纲纪”(《后汉书·袁安传》)、“赏罚黜陟，所以明政道也”(《晋书·诸葛恢传》)、“天下大务，莫过赏罚二论”(《北齐书·杜弼传》)、“王者所用，唯在赏罚”(《隋书·刑法志》)、“国家大事，惟赏与罚”(《贞观政要·封建》)、“赏罚者军国之纲纪，政教之药石……故国无赏罚，虽尧、舜不能为”(《新唐书·魏元忠传》)、“政之兴废在赏罚”(《新唐书·李渤传》)、“治天下必任赏罚”(《新唐书·刑法志》)、“历古以来，不明赏罚而能治者，未之闻也”

（《金史·孟浩传》）、“朝廷政务，赏罚为先”（《元史·文宗一》）、“庆赏刑罚，国之大柄，二者不可偏废”（《新元史·刑法上刑律上》）、“赏罚者，人主御世之大权”（《清史稿·金溶传》）之类的言论在史册中俯拾皆是，奖赏和惩罚两手是统治者治国的不二法门，这是中国古代知识精英们的共识。

要进行赏罚就得有依据，这依据就是体现了君主意志（口头或书面）的法，而司法正是赏罚兑现的具体途径和形式之一。正是因为如此，中国古代的皇帝们十分重视法制和司法建设，这正是中国古代出现高度发达的法制和司法文明的重要原因。当然司法只是皇帝落实赏罚的工具之一，而不是全部和唯一的工具。除了正式的司法之外，皇帝还经常对相关人员直接进行随意的赏罚，故在中国古代除了程式化的司法赏罚之外，还存在大量的行政化的赏罚。[①] 司法绝不是社会纠纷的最后解决方式，故假如要说中国古代司法有什么问题，那么第一条就是现代法治社会必须通过司法来实现的许多赏罚，在中国古代都是以非司法的方式进行的，即中国古代司法的最大问题就是其管辖和适用的范围太有限。

---

①在古汉语文献中，有时人们甚至将狱讼和赏罚并举，例如《旧五代史·梁书·太祖本纪四》载，朱温与裴迪一见如故，三十年间将四镇的“租赋、兵籍、帑廪、官吏、狱讼、赏罚、经费、运漕”皆委托裴迪管理，此处就将狱讼和赏罚并举，司法并非赏罚的唯一方式。

教 化

针对君主应用什么手段来治理天下这一问题，原始儒家的回答与法家是完全不同的，儒家虽然也肯定赏罚和法律在治国中的作用，但是认为其并不是最好、最有效的方法，在儒家看来最好、最有效的治国方法是德治。对此，孔子说："为政以德，譬如北辰居其所而众星共之。"又说："道之以政，齐之以刑，民免而无耻；道之以德，齐之以礼，有耻且格。"（《论语·为政》）孔子做过鲁国的司寇，亲自办理过案件，司法实践经验告诉他：刑罚的恐吓只能使民众苟且免于刑罚，而不能使其变成道德高尚、懂得礼义廉耻的人，不能从源头上消灭犯罪。只有道德教育才能直指人心，达成彻底消除犯罪的目的。

那么如何进行德治呢？对此，孔子心目中的圣人早就给出了答案，那就是教化。将教化视作国家的责任，上升到治国高度的思想和做法由来已久，就现存传世文献来看，早在西周初年统治者就十分重视对人民进行教化，据传周武王就"重民五教，惟食丧祭"（《尚书·武成》），而为了对民众实施教化，国家还设立了司徒这一专门官职，让其"掌邦教，敷五典，扰兆民"（《尚书·周官》）。

孔子继承了西周的这些教化思想，主张对民众应先富而后教，并将教化作为治国的基本内容和方式。其一，孔子把教育看成是从政，认为教师就是政治家，有人曾问孔子为什么办学而不去治理国政，孔子回答说："《书》云：'孝乎？惟孝，友于兄弟，施于有政。'是亦为政，奚其为为政？"（《为政》）孔子认为使学生懂得孝，并将其推广到全国就是治理国政，就是从政，教师的教育活动本身就是政治。[①] 其二，孔子明确提出了"性相近也，习相远也"（《论语·阳货》）的命题，认为人是可教化的，而且人与人之间的差别主要就是由于后天的习性导致的。这为将教化作为治国方略奠定了理论基础。其三，孔子十分看重人后天的教育。孔子就说他自己并非"生而知之者"（《论语·述而》），其所具备的知识都是后天学习的结果。成篇于战国前期的《礼记·学记》云："君子如欲化民成俗，其必由学乎！玉不琢，不成器，人不学，不知道。是故古之王者，建国君民，教学为先。"它将教化提高到了治国要务的高度。其四，孔子认为对民众进行教化是国家的基本职能。《礼记·内则》云："后王命冢宰：'降德于众兆民。'"其五，孔子重视办学。西周早期只有贵族才有机会接受学校教育，即所谓学在官府，广大的民众没有接受教育的机会。春秋末期私人办学兴起，孔子是其中的佼佼者，他奉行"有教无类"的办学方针，取得了辉煌的业绩。其六，孔子主张先教后诛，没有对民众进行教化就不应当对其施加刑罚。《尚书·酒诰》载周公对殷商遗民酗酒奉行先教后诛的政策："又惟殷之迪，诸臣惟工乃湎于酒，勿庸杀

① 梁启超曾说："儒家恒以教育与政治并为一谈，盖以为非教育则政治无从建立，既教育则政治自行所无事也。"参见《梁启超论先秦政治思想史》，商务印书馆2009年版，第119页。

之，姑惟教之。有斯明享，乃不用我教辞，惟我一人弗恤，弗蠲乃事，时同于杀。”周公在处罚殷商酗酒遗民之前给予了他们一次改过自新的机会。孔子吸收了周公的思想，主张先教后诛，认为“不教而杀谓之虐”(《论语·尧曰》),“不教其民而听其狱，杀不辜也”(《荀子·宥坐》)。

孟子继承了孔子的德治和教化思想。孟子说：“以力假仁者霸……以德行仁者王。”“以力服人者，非心服也，力不赡也。以德服人者，中心悦而诚服也。”(《孟子·公孙丑上》)孟子不认同霸道而力倡王道，他的王道政治就是以教化为主要治国方式的德治政治。孟子说：“仁言不如仁声之入人深也，善政不如善教之得民也。善政民畏之，善教民爱之；善政得民财，善教得民心。”(《孟子·尽心上》)荀子则公开讨论教化问题，教化一词在《荀子》一书中共九见，荀子一再提倡“劝教化”“广教化”(《王制》)。董仲舒继承先秦儒家教化思想并推陈出新，对教化进行了新的理论概括，将其提升到治理国家基本方略的地位。他说：“圣人之道，不能独以威势成政，必有教化。”(《春秋繁露·为人者天》)“南面而治天下，莫不以教化为大务。立太学以成教于国，设庠序以化于邑，渐民以仁，摩民以谊，节民以礼，故其刑罚甚轻而禁不犯者，教化行而习俗美也。”(《汉书·董仲舒传》)董仲舒将教化看作政治的根本。他说：“教，政之本也；狱，政之末也。其事异域，其用一也，不可不以相顺，故君子重之也。”(《春秋繁露·精华》)董仲舒之后，治国理政以教化为本已成为中国古代知识精英们的共识，东汉政论家、文学家王符即云：“人君之治，莫大于道，莫盛于德，莫美于教，莫神于化。”（《潜夫论·德化》）明初政治家刘伯温亦云：“夫教，政之本也；知本，斯知政矣，可无述乎？”（《刘基集·杭州富阳县重修文庙学宫记》）

需要说明的是，到战国末期，人们已逐渐认识到赏罚与教化并不是完全对立的，教化提倡的即是应奖赏的，教化反对的即是应惩罚的，同时赏罚也可用来为教化服务。吕不韦的门客们就宣称：“赏罚之柄，此上之所以使也。其所以加者义，则忠信亲爱之道彰。久彰而愈长，民之安之若性，此之谓教成。教成，则虽有厚赏严威弗能禁。故善教者，义以赏罚而教成，教成而赏罚弗能禁。用赏罚不当亦然。奸伪贼乱贪戾之道兴，久兴而不息，民之雠之若性。”（《吕氏春秋·孝行览第二·义赏》）赏罚是君主役使臣民的手段，其得当与否关系到教化能否成功。在这种思潮之下，与先秦原始儒家不同的是，董仲舒对法家的“以法为教”“以吏为师”（《韩非子·五蠹》）的主张予以了一定同情的理解，承认司法本身也具有教化功能，为此，董仲舒将国家的司法活动纳入教化的范畴，在他看来司法只是教化的重要工具。对此他说：“听讼折狱，可无审耶！故折狱而是也，理益明，教益行；折狱而非也，闇理迷众，与教相妨。”（《春秋繁露·精华》）而且他还将教化与灾异谴告学说联系起来，说：“天下和平，则灾害不生。今灾害生，见天下未和平也。天下所未和平者，天子之教化不行也。”（《春秋繁露·郊语》）董仲舒之后，“德主刑辅”“明刑弼教”[①]成为不刊之论，为历代统治者所信守，各级官吏都有教化之责，[②]司法被看成是教化的重要场域和形式，鲜明的教化性正是中国古代司法的一大特色。

敬畏心

在家天下的格局下，中国专制时代的君主是否均恣意妄为，而没有一点敬畏之心呢？答案是否定的。具体来说，令中国古代君主们敬畏之处有如下诸端：

一是天。至少在西周初年天即被视作最高的主宰者，西周的统治者为了将自己神化，宣称自己是天的儿子，“天子作民父母，以为天下王”（《尚书·洪范》），只是因为获得天的授命方拥有天下，既然君主是天的儿子，[③]当然就必须听命于天，对天充满敬畏

---

①《尚书·大禹谟》载，帝舜曾对皋陶讲：“汝作士，明于五刑，以弼五教。”后人将其简化为“明刑弼教”，但《大禹谟》系战国到秦汉间的伪作，是儒法合流后的产物。

②汉文帝就曾说：“且夫牧民而道之以善者，吏也。”（《汉书·刑法志》）西魏时的名臣苏绰草拟奏行的六条诏书，其第二条就是“敦教化”，要求“凡诸牧守令长，各宜洗心革意，上承朝旨，下宣教化矣”（《北史·苏绰传》）。

③后世也有皇帝对天称臣，例如刘宋的开国君主刘裕登基时发布的祭天策书开篇就称：“皇帝臣裕，敢用玄牡，昭告皇天后帝。”（《宋书·武帝（下）》）刘裕对天称臣。

之心。[①]为了给皇权戴上沉重的精神枷锁，避免重蹈秦朝专制暴政的覆辙，董仲舒力倡“屈君而伸天”(《春秋繁露·玉杯》)，发明了一套天人感应的灾异谴告学说，君主无道就会受到天的警示，如果警示后还不改正，那么就会剥夺其天命，使其丧失天下。为此，董仲舒强调君主必须祭天，即“已受命而王，必先祭天，乃行王事”(《春秋繁露·四祭》)。在整个中国专制时代，皇帝们对天基本上都是敬畏的，每年为祭天而定期举行的郊祭都是国家的大典，而灾异的发生，也常常迫使君主们降罪己诏。

二是鬼神。虽然古代中国也存在无神论的思想，但就整体而言，鬼神文化是占绝对主导地位的，除了天这一最高主宰之外，还存在着大量官方和非官方信仰和祭祀的神灵，特别是道家产生和佛教、伊斯兰教、基督教等传入后，中国出现了多神教并存的局面。虽然有着孔子“敬鬼神而远之”的教导，但中国古代迷信鬼神的君主仍然十分之多，对鬼神没有一点敬畏之心的君主基本上找不到。

三是祖宗。君主虽然贵为天子，但是也不能不认自己的祖宗，也必须对自己的祖宗尽忠尽孝，“无祖则无天也……无天者，是无天而行也”(《春秋穀梁传·文公二年》)。没有祖宗就是没有天道，违背天道当然难以成事。而“人主孝”方能“名章荣，下服听”

①鲍宣曾在上书汉哀帝的奏书中说：“天下乃皇天之天下也，陛下上为皇太子，下为黎庶父母，为天牧养元元。”(《汉书·鲍宣传》)随着儒学成为经学，皇帝乃天的儿子的说法成为不刊之论。

(《吕氏春秋·孝行览第二·孝行》),君主要想推行孝治天下的方略,让臣民都对自己尽忠尽孝,就必须自己先做出表率,孝顺父母,时时祭祀祖先,铭记祖宗的教诲并恪守祖制祖法,否则就将失去统治的合法性。中国古代大臣们常将先君和社稷看得比在位的君主还重。例如,鲍叔牙劝齐桓公将管仲从鲁国引渡回来委以重任,桓公问鲍叔牙管仲是否也会对他忠心不二,鲍叔牙说会的,但“非为君也,为先君与社稷之故”(《管子·小匡》)。大臣们在进谏时也常拿社稷和祖宗等来对君主进行施压,霍光甚至以“宗庙重于君,陛下未见命高庙,不可以承天序,奉祖宗庙,子万姓”的名义废了昌邑王的皇位,并宣称“臣宁负王,不敢负社稷”(《汉书·霍光传》)。汉哀帝醉酒,笑言要法尧禅舜事,将皇位禅让给其断袖之好董贤,中常侍王闳即劝阻说:“天下乃高皇帝天下,非陛下之有也。陛下承宗庙,当传子孙于亡穷。”(《汉书·董贤传》)北魏献文帝拓跋弘不愿意再当皇帝,于是招集群臣商议传授帝位给其同宗叔辈的京兆王子推的问题,任城王元云即进奏说:“天下是祖宗之天下,而陛下辄改神器,上乖七庙之灵,下长奸乱之道,此是祸福所由,愿深思慎之。”(《魏书·任城王元云传》)在群臣的劝谏下拓跋弘最后只好传帝位给其年幼的儿子,即孝文帝元宏。当臣子们拿祖制、家法说事时,皇帝们常常不得不屈服。当然除了死去的祖宗外,活着的父母(常常是母亲),对皇帝也是一种约束的力量。为了保持孝顺的名声,皇帝常常不便违抗母命,如果皇帝年幼,其祖母、母亲便常会“临朝称制”,因男女之防,唐武则天发明“垂帘听政”，直到清末慈禧太后仍沿袭此故事。

四是名声。受儒家的影响，中国古代的君主都将自己打扮成圣人，都希望自身有个好名声，被人称颂为有德的仁君，以便行为万世师、言作万世法，而十分怕沾染上暴君、昏君等的恶名，被人唾弃。但是即使是君主，不付出努力好名声也是不容易获得的。对此，吕不韦的门客评论说：“桀、纣贵为天子，富有天下，能尽害天下之民，而不能得贤名之。”（《吕氏春秋·仲春纪第二·功名》）较为可敬的是，中国传统文化为评价君主作出了相对周全的制度安排：一是史官的秉笔直书制度。中国古人修史意在褒贬以警示后人，故史官以修信史为追求，以秉笔直书为贵，对君主的善恶均必书，孔子就说：“董狐，古之良史也，书法不隐。”（《左传·宣公二年》）孔子最看重的就是董狐的不加隐讳。“天子无戏言。言则史书之，礼成之，乐歌之。”（《史记·晋世家》）“天子动则左史书之，言则右史书之。”（《新唐书·孙伏伽传》）而且原则上史官的记载在位的君主是不能看的，即所谓“良史直笔，君举必书。帝王不自观史，记注之臣乃得尽其直笔”（《金史·孟浩传》）。有人随时记录君主的言行，这样虽然确保了君主的嘉言懿行均可能得以保存和传颂，但是君主的恶言丑行也就不易遮掩而难逃后人指责，为了维护自己的声誉，皇帝们在行事时不得不有所收敛。二是谥号制度。皇帝死后，礼官要根据其生平事迹议上或褒或贬或哀怜的谥号，秦始皇就发现谥号礼制对专制皇权有碍，严令废除，但汉时谥号礼制又得以恢复（不过，宋以后谥号只有褒而无贬了）。

五是革命。根据周公的以德配天说，君主不但应当敬天，而且还要保民，因为："天矜于民，民之所欲，天必从之。"（《尚书·泰誓上》）"天视自我民视，天听自我民听。"（《尚书·泰誓中》）"民惟邦本，本固邦宁。"（《尚书·五子之歌》）民意即天意，民心即天心，因此君主一举一动皆应体察民心之向背。对于这套以天道为依据的民本主义的说教，虽然中国历代君主基本上从蒙童时代就早已烂熟于心，但是真正让其产生敬畏的不是民本主义的言论，而是"汤武革命"。君主残暴昏庸人民就可造反，就可将其推翻，而事实上此起彼伏的农民起义基本上贯穿中国整个专制时代，成为改朝换代的工具。正是革命这种现实威胁的存在，使君主们有所顾忌，不得不注意回应臣民们的要求，时常把以人为本挂在嘴边，重视改善民生。

最后，客观社会条件和规律不以君主们的主观意志为转移，这也是令君主们敬畏的。正如马克思所说："只有毫无历史知识的人才不知道：君主们在任何时候都不得不服从经济条件，并且从来不能向经济条件发号施令。"①

中国古代的皇帝拥有绝对、最后的权力，当皇帝决意要采取某项行动时，天下没有任何力量能够阻挡得了他，但同时也确实存在诸多令皇帝们敬畏之物，现实中的君主通常也并非毫无顾忌

① 《马克思恩格斯全集》第4卷，人民出版社1995年版，第121—122页。

地为所欲为。为了自身统治地位的稳固以及国家的长治久安，皇帝们也得遵守道德，讲道理，[①]也只能选择遵循规律、建章立制，[②]由无序的人治走向部分的法治，由私转向公，主观上为自己客观上为百姓，即“重社稷故爱百姓”（《礼记·大传》）。对此，前辈学者已有诸多论述。例如，余英时就认为汉儒的“天”和宋儒的“理”、君权自身的传统以及官僚制度对中国古代的君权均有一定的约束作用，“君权虽无形式化、制度化的限制，但仍有一些无形的、精神上的限制。”[③]刘泽华也曾指出：“我们说君主是目的，并不是说君主是不受任何制约的。从理论体系上看，君主也是被规定的对象。他不仅要受到天、人的制约，还要受名分、伦理道德的制约，即受到道统的制约。”[④]由于诸多礼仪和思想约束的存在，秦以降，中国古代的大多数皇帝在大多数时候都是相对谨慎、依照法律按照规矩办事的，这为中国古代的法制和司法的发展开辟了道路。不明白这一点，就不能理解在专制的中国古代社会为何其法制和司法文明能达到相当高的程度，走在世界同时期的前列。

---

①沈括的《梦溪笔谈·续笔谈》记载：“太祖皇帝尝问赵普曰：‘天下何物最大？’普熟思未答间，再问如前，普对曰：‘道理最大。’上屡称善。”赵普道理最大的观点获得了宋太祖赵匡胤的认同。

②金朝进士出身的李冶曾对还是藩王的元世祖讲：“且为治之道，不过立法度、正纪纲而已。”（《元史·李冶传》）

③余英时：《中国思想传统的现代诠释》，江苏人民出版社1995年版，第104页。

④刘泽华：《王权思想论》，天津人民出版社2006年版，第100页。

私与公

天下都是皇帝的，皇帝是兆民的父母，是天下的总家长，天下所有人都是皇帝的私臣。但天下之大，皇帝一人是治理不过来的，需要贤佐（即各级官吏）来帮助其治理天下。对此，韩非曾特意勾绘出一幅治理蓝图，那就是：官治民，皇帝治官，即“明主治吏不治民”（《韩非子·外储说右下》）。

在家天下的政治格局下，官吏在理论上只是君主的私臣，从逻辑上讲其政治公共性是不被提倡也得不到彰显的。士人“学成文武艺，货与帝王家”，君主给予其爵禄，君主是主子，官吏只是其私家奴仆，作为私臣的官僚应绝对效忠于君主，一切言行绝对以君主的利益为判准，为了护主应不惜身家性命。

对于专制体制下的这种君臣关系，法家提供了精微的客观物质主义的论证和说明。法家否认儒家那套君臣如同父子的说法，坦承君臣之间没有亲情，其立场和利益常是对立的，君臣之间存在互相算计。例如，韩非就说：“故君臣异心，君以计畜臣，臣以计事君，君臣之交，计也。”“君臣也者，以计合者也。”（《韩非子·饰邪》）君臣关系的维持全靠利益交换，即“主卖官爵，臣卖智力”（《韩非子·外储说右下》），做臣子的“食君之禄”应“忠君之事”，对君主忠心耿耿。为了让作为臣子的官吏绝对地效忠君主，法家还创造了一套奇特的公私理论，将君主私人利益以及君主私人之物都说成是公，而臣民们个人的利益以及相关事物都说成是私，并说“私行胜则少公功”（《韩非子·外储说左下》），“明主之道，必明于公私之分，明法制，去私恩”（《韩非子·饰邪》）。与君主利益相悖的私心、私利、私道、私学都是绝不能容忍的，必须坚决打击，好的臣子应当做到无私、无我。法家这种将君主的一己私利说成是天下大公的学说，深得中国古代皇帝们的赏识，也成了他们实际的行动逻辑，对此，黄宗羲说他们都是“以为天下利害之权皆出于我。我以天下之利尽归于己；以天下之害尽归于人……使天下之人不敢自利，以我之大私为天下之公”（《明夷待访录·原君》）的君主。

就作为君主私臣而言，官吏们的公共性当然是缺乏的，为了皇帝的利益即便残害百姓他们也在所不惜。具体到司法领域，皇帝们对案件的处理无论是否有道理，他们基本上都会无条件地接受，即使要杀他们自己的头，他们也只能本着“君叫臣死，臣不得不亡”的信念甘愿领受，嘴里还得念叨着“谢主隆恩”。作为君主的私臣，官吏们违抗君主的意志、为民请命、为民申冤的动力是不足的。

但事实的另一面是，除了太监外，中国古代深受儒家思想熏陶的士大夫并不愿仅仅将自己只局限为皇帝的私臣，他们常常不由自主地就显露出其公共性来。这一是由于在中国古代道统和政统从来并非完全合一，开国君主们“马上得天下”，虽然掌握政道，成为政治上的领袖，四海之内无人不听从其调令，但是他们却常没有办法同时也掌握道统，成为精神上思想上的领袖。[①]为此历代皇帝们均进行了或多或少的努力，但真理的解释权整体上始终掌握在士人们手中，归属于儒教的宗师孔子，皇帝们鲜有敢公开背叛圣人之言的。

二是中国古代以掌握儒家学说为仕进之路，结果使士大夫们从小深受儒家思想的熏陶，而儒家的以道自任情怀、天下为公理想、[②]民本主义思想和谏诤传统让中国古代的士大夫们常常“道义

①中国古代君权的取得和保持依赖的是武力，遵循的是“枪杆子出政权”这一规律，例如五代时的安重荣即常说：“天子，兵强马壮者当为之，宁有种耶!”(《旧五代史·安重荣传》）人们之所以敬畏君主，是因为其掌握着生杀予夺的权力，而不是其拥有至高无上的精神力量。

②对于从公天下向私天下的政治变局，据传孔子是持批判态度的，其曾说：“大道之行也，天下为公。”“今大道既隐，天下为家，各亲其亲，各子其子，货力为己，大人世及以为礼”(《礼记·礼运》)，认为家天下是失道的结果，其向往的是公天下的大同社会。后世面对家天下的政治现实，中国历代士人中总有人念念不忘公天下这个理想，申言“天下乃天下人之天下”。例如谷永就对汉成帝讲：“臣闻天生蒸民，不能相治，为立王者以统理之，方制海内非为天子，列土封疆非为诸侯，皆以为民也。垂三统，列三正，去无道，开有德，不私一姓，明天下乃天下之天下，非一人之天下也。”(《汉书·谷永传》）高堂隆也曾对魏明帝讲：“夫皇天无亲，惟德是辅。民咏德政，则延期过历，下有怨叹，掇录授能。由此观之，天下之天下，非独陛下之天下也。”(《三国志·魏书·高堂隆传》）此后，虽然专制主义日渐强化，但诸如“夫天下者，盖亦天下之天下，非一人之天下也”(《晋书·段灼传》)、“‘天下非一人之天下，乃天下之天下’，安可求而得，辞而已者乎”(《晋书·潘尼传》)、“天下者，天下之天下，非一人所得私（转下页）

重则轻王公”（《荀子·修身》），“先天下之忧而忧，后天下之乐而乐”，以天下为己任，勇于担当，其软弱的身躯内常常蕴含了巨大的能量，在忠君爱民信念的支配下常常能将个人之生死置之度外，不惜逆龙鳞，冒死力谏，据理力争，而皇帝们虽然恼羞成怒，但为了避免落个杀忠臣的暴君的恶名而不便处死冒犯者，海瑞向明世宗上《治安疏》就是最有名的代表性事例。明世宗虽然痛恨海瑞，但也不便杀掉他，世宗死后海瑞获释。

三是“官员是天上的星宿，是来人间代天办事”的社会信仰，给予了官员们些许底气。贞观十一年（637年），治书侍御史刘洎认为尚书省左、右丞应该特别精心选任，不能让皇亲国戚滥竽充数，于是向唐太宗上书，云：“是以八座比于文昌，二丞方于管辖，爰至曹郎，上应列宿，苟非称职，窃位兴讥”，“天工人代，焉可妄加？”（《贞观政要·择官》）人们把尚书省的八座比作天上的文昌宫内的众星，各部的曹官，也都与天上的星宿对应。如果不称职就会招来窃据要津的讥评。官吏是代替上天做事，怎能胡乱授予？官员是天上的星宿，其权威来自于天，是替上天办事的，应对天负责，这种思想当然既是对官员的一种激励，勉励其勤政爱民，以天下苍生为念；也是对皇权的一种约束，揭示还存在比君更崇高的天和民（孟子即说“民贵君轻”），为官员们纠正皇帝的

（接上页）也”（《明史·霍韬传》）之类的言论仍时常出现在士人的嘴边，见诸典籍。在中国古代与“家天下”的政治现实并行的还有一个“天下为公”的政治理想。

错误，劝阻君主干出一些荒唐的事情提供了一些底气，因为这是官员们的天职。这种“大逆不道”的言语当然不是刘洎的发明，而是一种相当古老的、连皇帝都不得不认同的常识。所以刘洎敢于对唐太宗讲，他讲了后不但没有受到责罚，反而因为这一奏书获得了提拔，李世民不久就任命刘洎为尚书左丞。

四是官僚制度具有独立自主倾向。官僚们所具有的职业理性，使他们常常不知不觉地将自身看成是国家与社会的公仆，常常把天下、社稷、国家、黎民百姓挂在嘴边，将其看得有时比君主还重要，[①]讲些类似“周之封建，使国重于君，公侯之身轻于社稷，故无道之君不免诛放”（《晋书·刘颂传》）的话。他们也有自己诸如“致君尧舜上，再使风俗淳”[②]的政治理想，君主本身都是其改造的对象，[③]而不仅仅只是皇帝的私臣。[④]

---

①孟子就有“民为贵，社稷次之，君为轻”（《孟子·尽心下》）的说法。

②语出杜甫《奉赠韦左丞丈二十二韵》。

③儒家开辟的谏诤思想传统使“从谏如流，人君之令范；极言无隐，臣子之常规”（《旧五代史·刑法志》）的观念深入人心，有作为的大臣们都想“正君”之过，实现孟子所说的“一正君而国定矣”（《孟子·离娄上》）的理想图景。

④为了说明官僚制度的这种自主性，余英时曾引征过艾森斯达的研究（参见余英时：《中国思想传统的现代诠释》，江苏人民出版社1995年版，第112—113页），最后得出结论说：“官僚制度最初虽然也是在君主授权之下建立起来的，但它既产生之后，本身即成一客观的存在，有它自己的发展和运行的轨道，不再完全随君主的主观愿望而转移了。”（《中国思想传统的现代诠释》，第105页）

“我之出而仕也，为天下，非为君也；为万民，非为一姓也。”（《明夷待访录·原臣》）绝大多数司法官员并不是仅仅将自己当作皇帝的私臣，而是以天下苍生为念，看重自身的职业操守，故其司法时就具备了用法律制度来抵制皇帝和权贵恣意妄为的可能，最有名的例子就是张释之的事迹。《汉书·张释之传》载汉文帝行车经过中渭桥，有人从桥下跑出来惊了文帝驾车的马，文帝本想处死该人，但身为廷尉的张释之却只判处其罚金，文帝责怪，张释之就说如果文帝当时令人就地将其杀死就算了，但既然交付廷尉处理，为了取信于民，他就只能依法判决其罚金了事。文帝沉思良久，承认还是廷尉做得对。这个故事常被现代人说成是中国古代司法独立的典型事例。说汉文帝尊重司法独立显然是夸大其词，但是用于说明司法具有自身的运行逻辑，具有一定的自治性和职业理性则绰绰有余。

而英明的君主对司法的自治常是自觉地加以尊重，除了上面所说的汉文帝外，儒家的圣人周文王则是最早的楷模。《尚书·立政》载：“文王罔攸兼于庶言，庶狱庶慎，惟有司之牧夫是训用违。庶狱庶慎，文王罔敢知于兹。”周文王处理司法案件都是根据主管官员——准夫、牧夫的意见裁决，对于司法官员办案，他是不敢妄加干预的。正是中国古代司法官员们的这种公共性，使他们常常以法抗命，[①] 创造出了古代中国高度的司法文明。他们的

---

①监察御史马怀素曾对武则天说：“且陛下操生杀柄，欲加之罪，自（转下页）

实践和经验在今天仍然具有一定现实意义，对今天的我们仍然富有启迪。

工 具

在家天下的政治格局下，君主的家事和国事是一体的，君主的家事也就是国事，而国事也不过是君主的家务事而已。司法当然也概莫能外，它也只是君主家务事的一部分，只是君主经营自身产业的一道常规作业而已，故司法首先需要满足的是君主的利益，而不是回应当事人的诉求。司法只是君主们下的一盘治理天下的棋局中的一个棋子，故从社会治理的角度出发通盘定义和考虑司法就成了一种思维定势，司法被赋予了许多解决纠纷以外的功能。

首先，司法是镇压和清洗政治异已力量的工具。邱濬曾评论说："人君不仁之政，固非一事，然皆假刑以行之"（《大学衍义补》卷一百十一），刑罚是从肉体上消灭政治异己力量的途径。在中国古代，君主有权亲自随意处罚任何人，但是君主本人的精力毕竟有限，许多时候不得不将镇压和打击政治异己势力的任务交给法司。而为了消除司法官僚的职业理性对君主本人意志的障碍，皇

（接上页）当处决圣心。既付臣按状，惟知守陛下法尔。"拿皇帝的法律来劝诫和抵制皇帝的恣意妄为是较为有效的方法。

帝们不惜起用酷吏和任用太监成立特殊的侦查和审判组织，前者如武则天，《旧唐书·酷吏（上）》载：“则天以女主临朝，大臣未附，委政狱吏，剪除宗枝。于是来俊臣、索元礼、万国俊、周兴、丘神勣、侯思止、郭霸、王弘义之属，纷纷而出。然后起告密之刑，制罗织之狱，生人屏息，莫能自固。至于怀忠蹈义，连颈就戮者，不可胜言。”武则天为了清洗潜在的异己势力，广泛任用酷吏制造冤假错案以达成自己的政治目的，司法成为其名正言顺地展开大屠杀的“遮羞布”。后者如明朝的厂卫，其受皇帝指派在暗中侦察各级官员的言行举止，收集情报，在特许下可以不经由正式司法机构的审理而判决并处罚犯罪人，成为事实上的司法机构，以致史家评论说“自锦衣镇、抚之官专理诏狱，而法司几成虚设”（《明通鉴》卷五十）。

其次，让司法协助解决军事问题。只要需要和可能，在中国古代司法是完全可以用来为军事目的服务的。据文献记载，具体做法包括如下这些情形：一是令诉讼当事人交纳武器装备作为诉讼费。《周礼·秋官·大司寇》云：“以两造禁民讼，入束矢于朝，然后听之。”当事人要先交一百支箭，官员才会受理其案件。《周礼》只是时人的制度理想蓝图，并非完全真实的历史记录，但当时有这种思想是无疑的。二是让犯罪人交纳武器装备赎罪。《管子》载，在卒伍已定、事功已成的情况下，齐桓公问管仲是否可以开始干预诸侯的事务了，管仲说还不行，因为齐国还缺少盔甲兵器。为了解决此问题，管仲建议：“制重罪人以兵甲犀胁二戟，轻罪人兰盾鞈革二戟，小罪入以金钧，分宥薄罪入以半钧，无坐抑而讼狱者，正三禁之而不直，则入一束矢以罚之。”（《小匡》）[①]三是驱使诉讼当事人习武。《韩非子·内储说上七术》载，李悝担任魏文侯的上党郡守，希望人们善于射箭，于是下令说：“人之有狐疑之讼者，令之射的，中之者胜，不中者负。”规定对于是非不明的案件，就让当事人比赛射箭，谁射中了箭靶谁就胜诉，反之，则败诉。命令下达后，人们都日夜不停地练习射箭，结果与秦国开战时因为人人都善于射箭而大败秦国。四是让犯罪人充边，加强边境军事防御。例如，据《汉书·晁错传》载，汉初北部边境经常受到匈奴的侵扰，对此晁错就建议汉景帝在北部边境筑城，“乃募罪人及免徒复作令居之；不足，募以丁奴婢赎罪及输奴婢欲以拜爵者；不足，乃募民之欲往者”。汉景帝采纳了晁错的建议。北魏和平末年，冀州刺史源贺上书说：“自非大逆手杀人者，请原其命，谪守边戍。”（《魏书·刑罚志》）文成帝同意了他的建议。贞观十四年（640年），唐太宗下诏“流罪无远近皆徙边要州”，两年后“又徙死罪以实西州，流者戍之，以罪轻重为更限”（《新唐书·刑法志》）。五是招募犯罪人当兵。例如，《汉书·武帝纪》载，元封二年（前109年）朝鲜王攻杀辽东都尉，汉王朝即招募天下死罪

---

①《管子·中匡》上还有个类似的记载：“管仲曰：‘此君之明也。’公曰：‘民办军事矣，则可乎？’对曰：‘不可，甲兵未足也。请薄刑罚以厚甲兵。’于是死罪不杀，刑罪不罚，使以甲兵赎。死罪以犀甲一戟，刑罚以胁盾一戟，过罚以金，军无所计而讼者，成以束矢。”

击朝鲜。此外，招募犯罪人修筑军事防御设施也是较常见的做法，相关记录常见于史册。

再次，用罚金和赎罪制度来解决财政经费问题。《尚书·吕刑》就有关于罚金制度的记载，其云："五刑不简，正于五罚。"要求法官判案时用五刑惩治得不到核实，便根据五等罚金来处理。而赎罪制度在中国古代具有较为悠久的历史，《尚书·舜典》就有"金作赎刑"的记载，帝舜允许人们用铜赎罪。西周以来中国历朝基本上都有罚金和赎罪制度，特别是在朱明王朝，赎罪制度的运用特别广泛，成了国家财政经费的重要来源。对此，《明史·刑法志》云："明律颇严，凡朝廷有所矜恤、限于律而不得伸者，一寓之于赎例，所以济法之太重也。又国家得时藉其人，以佐缓急。而实边、足储、振荒、宫府颁给诸大费，往往取给于赃赎二者。故赎法比历代特详。"

最后，司法要为社会经济发展（特别是农业发展）服务，不得有碍农时。国以民为本，民以食为天，农业生产对于中国古代国家和社会而言具有决定性的意义。在法家提供的政治蓝图中，治国要务莫过于耕战。从战国末期起重农抑商就成为一些诸侯国的国策，而不耽误农时，确保农民能及时播种和收割是发展农业生产的重中之重。孔子就曾明确指出治理国家要"使民以时"（《论语·学而》），孟子也十分强调治国应"不违农时""勿夺其时"（《孟子·梁惠王上》），董仲舒则明确主张"不夺民时，使民不过岁三日"（《春秋繁露·王道》），而诉讼常常费时费力，影响相关当事人从事农业生产，对此韩非子曾说："狱讼繁，则田荒。"（《韩非子·解老》）为了解决进行司法活动与保障农时的冲突，中国古代的统治者一方面努力息讼，另一方面主张即使诉讼也最好安排在农闲时，于是创设了务限制度。据学者考证，唐开元二十五年（737年）的《杂令》大致是目前所能见到的关于"农忙止讼"规定的最早法律文献，[①] 后世历朝基本都沿袭了"农忙止讼"的思想和做法，甚至像金朝这样由游牧民族建立起来的王朝也深受此思想的影响，例如天会二年（1124年），金太宗在诏书中就说："新降之民，诉讼者众，今方农时，或失田业，可俟农隙听决。"（《金史·太宗完颜晟本纪》）直到清代也有"农忙止讼"制度，乾隆五年（1740年）修订的《清律例》第334条"告状不受理"所附"条例"一即规定："每年自四月初一日至七月三十日，时正农忙，一切民词，除谋反、叛逆、盗贼、人命及贪赃坏法等重情，并奸牙、铺户骗劫客货，查有确据者，俱照常受理外，其一应户婚、田土等细事，一概不准受理。自八月初一日以后，方许听断。若农忙期内受理细事者，该督抚指名题参。"

在中国古代，法律只是君主治国的工具。《管子·侈靡》云："法制度量，王者典器也"，韩非则直接称法律为"帝王之具"（《韩

---

① 参见郑显文:《中国古代"农忙止讼"制度形成时间考述》,《法学研究》2005年第3期。但岳纯之认为不能因此就误认为"农忙止讼"制度首创于开元二十五年（737年）令，参见氏著《中国古代农忙止讼制度的形成时间试探》,《南开学报》2011年第1期。

非子·定法》）。《淮南子·泰族训》亦云："故法者，治之具也。"法律只是个工具，而且最可悲的是，法律还并非唯一的治国工具，如果需要，君主完全可以弃法不顾，实行没有法律的治理。法律的权威来自于皇帝的武力，法律本身谈不上崇高，甚至还极为阴损。例如，《商君书·定分》就说："法令者，民之命也，为治之本也，所以备民也。"在法家眼中，法律是君主制定来防备民众的。法律只是工具，贯彻落实法律的司法就是工具的工具，法律不被人奉为神明，司法当然也就难言神圣，谈不上具有什么独立价值。司法首先要做的就是满足君主家天下的利益和偏好，其次才是帮助臣民解决他们的现实问题，不符合君主利益的司法绝不是好司法，故司法本身是无独立和自治可言的，必须放在君主治国理政的全局中来通盘考虑，是达成其他政治目的的工具，这是我们在了解中国古代司法的诸多具体面向之前首先需要明确的。

睡虎地秦墓竹简《法律答问》（部分。引自：《睡虎地秦墓竹简》，文物出版社1990年版，第72页）

睡虎地秦墓竹简《封诊式》(部分。引自:《睡虎地秦墓竹简》,文物出版社1990年版,第84页)

第一章　目的与理想

自从人类诞生就有了纷争，有纷争就产生了用公权力来维护和平与正义的需求，就必然导致国家诞生。帮助人们解决纠纷正是国家得以产生和存在的重要目的之一。对此，中国古人早有认识："天下本以民不能相治，故为立王者以统治之。天子在于奉天威命，共行赏罚。"（《潜夫论·述赦》）司法既是国家的权力，也是其基本职责，人们将其纠纷提交相关人员让其主持公道，也是对其统治权力合法性的承认。《孟子·万章上》载，舜辅佐尧二十八年，尧去世后，舜不愿意与尧的儿子争王位而到南河以南回避，但"天子诸侯朝覲者，不之尧之子而之舜；讼狱者，不之尧之子而之舜；讴歌者，不讴歌尧之子而讴歌舜"，在《孟子》的作者看来诉讼的人不去找尧的儿子而去找舜，正是表明舜获得天下的标志之一。

在古汉语中，很早就有了"讼"和"狱"等表达诉讼的概念和词汇，"讼"在现存《尚书》中两见，即"吁！嚚讼，可乎"（《尧典》）和“今汝聒聒，起信险肤，予弗知乃所讼”（《盘庚上》），这两处“讼”字均是争辩的意思。《说文》释“讼”为“争也”，无争执不会有诉讼，也不会有司法。“狱”字在现存《尚书》中共十六见，并且已有了“庶狱”“典狱”和“折狱”这些词汇。后来“讼”和“狱”两字渐渐地开始相连使用，出现了“讼狱”或“狱讼”这样的词汇，而在现存战国和秦汉文献中，表达诉讼最常见的词语就是“狱讼”，《韩非子》《周礼》和《礼记》是最典型的代表。这三部文献中均多次出现“狱讼”这一词语。“诉”字最初只是告诉和诉说的意思，如“薄言往诉，逢彼之怒”（《诗经·邶风·柏舟》）。“诉”和“讼”两字连用来表达今天诉讼的意思，较早见于《后汉书》，其《陈宠传》有“西州豪右并兼，吏多奸贪，诉讼日百数”的记载，但《后汉书》是南朝刘宋时人范晔撰写的，“诉讼”一词有可能只是范晔生活时代的产物，故此例还不能独立证明东汉时已有了“诉讼”这一词汇。但《后汉书》又载东汉质帝刘缵曾在公元145年的诏书中讲过“或以喜怒驱逐长吏，恩阿所私，罚枉仇隙，至令守阙诉讼，前后不绝”（《孝顺孝冲孝质帝纪》）的话，对于诏书，史家常是原文抄录，故东汉时已有“诉讼”这一词汇必无疑义。同时“诉讼”一词既已在诏书中出现，其在日常生活中的使用应该更早一些。

司法目的是司法建构者希望通过司法达成的目标和图景，司法目的与司法的理想是紧密相连的，实现司法目的是达成司法理想的途径。在家天下的政治格局下，司法只是君主们处理自家家庭内部事务的一部分，因而君主自然就是中国古代司法的建构者。当然君主们也不可能随心所欲地去建构司法，而必须根据社会的客观现实条件，借助先王们传承下来的思想和制度资源，同时部分回应民众们的诉求，综合各方面的因素而为之。

在中国古代的司法中，不存在今天所谓民事诉讼与刑事诉讼之类的概念，但根据郑玄的《三礼注》，上古文献中的“讼”和“狱”已具有了案件类型划分的意味，郑玄注解说：“争罪曰狱，争财曰讼。”“争罪”即常说的人命、盗贼和斗殴等案件，“争财”即常说的户婚、田产和钱债等类案件。争罪类案件近似于今天的刑事案件，而争财类案件近似于今天的民事案件，故有学者认为中国古代司法中也存在刑事诉讼和民事诉讼的分野，[①]但这种“以西释中”的做法并不完全成功，将为西方的历史和事实而准备的概念用来解说中国的历史和事实，通常只能是词不达意，故在没有更好的表达和划分产生之前，我们最好仍然将中国古代的“讼”与“狱”看成一个整体来加以认识。翻阅相关文献可知，表达中国古代“讼”和“狱”的目的和理想的术语有止争、惩罚、刑措和无讼等。

---

①基于这样的认识，一些学者对中国古代的民事诉讼和刑事诉讼相关制度进行了梳理，较有代表性的著作有张晋藩的《中国民事诉讼史》（巴蜀书社1999年版）和李文玲的《中国古代刑事诉讼法史》（法律出版社2011年版）。

止　争

《慎子·逸文》云：“君之功，莫大使民不争。”君主的作用没有比能禁止人们彼此争夺更大的了。“止争”一语始见于《管子·七臣七主》，其云：“律者，所以定分止争也。”意思是说律是用来明定本分制止争端的。两造发生争执，一方将争执提交官府请求为其主持公道，官方受理并着手解决，目的十分明显就是希望解决纠纷，制止和消除争执，使社会关系恢复和谐，故止争是官方司法的最直接目的。对此，管仲甚至将“不弥人争，唯趣人诏”（《管子·四称》）看作无道之臣的表现之一，认为有道之臣理当排解人们的纠纷，制止人们的争诉，相反者，即无道之臣。

关于止争的具体方略，中国古代的先贤有两种主张：一是主张不立法，使民不知法，其基本假设就是民不知法便不生争心。春秋晚期晋国的叔向是持这种观点的重要代表性人物。公元前536年子产在郑铸刑书，叔向给子产去信加以谴责说：“民知有辟，则不忌于上，并有争心，以征于书，而徼幸以成之，弗可为矣。”“民知争端矣，将弃礼而征于书，锥刀之末，将尽争之。”（《左传·昭公六年》）叔向的看法得到了当时大多数儒生①的同情和声援，影响深远。2300多年后清人焦循在其《使无讼解》中还写道：“听讼

①对此道家也是其同盟军，《老子·五十七章》云：“法令滋章，盗贼多有。”立法是人为之举，主张“无为”而治的道家是反对立法的。

者以法，法愈密而争愈起，理愈明而讼愈烦。”说什么消除纷争不应依法，而应用情。

另一种主张是完善法制并加以公布，使民众人人知法守法，从而消除争端。子产是这种主张的先驱，而法家代表人物基本也都持这种论调。为此，法家提出了定分的学说，认为要止争必先定分，即明晰产权和名分，对此《商君书·定分》云：

> 一兔走，百人逐之，非以兔为可分以为百，由名分之未定也。夫卖兔者满市，而盗不敢取，由名分已定也。故名分未定，尧、舜、禹、汤且皆如鹜焉而逐之；名分已定，贪盗不取。今法令不明，其名不定，天下之人得议之。其议，人异而无定。人主为法于上，下民议之于下，是法令不定，以下为上也。此所谓名分之不定也。夫名分不定，尧、舜犹将皆折而奸之，而况众人乎？此令奸恶大起，人主夺威势，亡国灭社稷之道也。今先圣人为书而传之后世，必师受之，乃知所谓之名；不师受之，而人以其心意议之，至死不能知其名与其意。故圣人必为法令置官也，置吏也，为天下师，所以定名分也。名分定，则大诈贞信，巨盗愿悫，而各自治也。故夫名分定，势治之道也；名分不定，势乱之道也。

在先秦法家著作中与上述论述相类似的文字还可见之于别处，谁是其最初的著作权人现已不可考。例如，《吕氏春秋·审分览·慎势篇》引《慎子》云：“今一兔走，百人逐之，非一兔足为百人分也，由未定。由未定，尧且屈力，而况众人乎？积兔满市，行者不顾，非不欲兔也，分已定矣。分已定，人虽鄙，不争。”并由此得出“故治天下及国，在乎分定而已矣”的结论。慎子讲的这个话与《商君书》中《定分》篇的论述如出一辙。在法家看来，“夫民无礼义，则上下乱而贵贱争”（《管子·版法解》），人民若无礼义，则上下混乱而贵贱争夺。“贵贱无分则争”（《管子·五辅》），完善法制，明定名分，做到有法可依，是治国的不二法门，也是化解纷争的基础和前提。《管子·禁藏》云：“法者，天下之仪也，所以决疑而明是非也，百姓所县命也。”法制是天下的准则，是用来解决疑难明辨是非的，与百姓的命运相关。

对于上述两种主张，《新唐书·刑法志》曾总结说：“古之为国者，议事以制，不为刑辟，惧民之知争端也。后世作为刑书，惟恐不备，俾民之知所避也。其为法虽殊，而用心则一，盖皆欲民之无犯也。”不过，后来的历史显示，法家的主张最后取得了胜利，中国历代专制王朝均重视法制建设。[①]

---

①法家对纷争的根源进行了物质主义的解读，《管子·禁藏》云：“耳目谷（善）、衣食足，则侵争不生，怨怒无有，上下相亲，兵刃不用矣。”《韩非子·五蠹》云：“是以人民众而货财寡，事力劳而供养薄，故民争，虽倍赏累罚而不免于乱。”要彻底消灭纷争，必须使人民的物质财富极大的丰富，只有“不事力而养足，人民少而财有余”才不会争。受法家的影响，《淮南子·齐俗训》云：“夫民有余即让，不足则争；让则礼义生，争则暴乱起。”

惩　罚

在绪论中笔者已指出，法家给中国专制君主们开的治国处方就是赏罚，秦汉以来儒法合流，赏罚作为治国之二柄，广泛为人所接受，而司法正是落实惩罚的常规化管道。但与现代司法相比，中国古代司法的惩罚意味十分鲜明，充满了肉体和精神的摧残和折磨。

在中国古代，法、刑、罚基本上是同义词，可以互换，《说文解字》就训法为刑，说："法，刑也。"《尔雅》则用法来释刑。而对于刑与罚，则有"罚者刑之本"（《新唐书·魏元忠传》）一说，认为惩罚正是刑法的根本。法即刑法，而刑法的基本内容就是惩罚。对于中国古代法与罚的关系，明人邱濬讲过一句很中肯的话："法者罚之体，罚者法之用，其实一而已矣。"（《大学衍义补》卷一百）司法是法的实现的重要途径和方式，由于在中国古代法就是刑罚，故司法事实上就变成了落实惩罚的重要途径和手段，惩罚变成了司法赤裸裸的目的。

那么如何实施惩罚才能取得良好效果呢？对此，法家的答案就是重刑、重罚。法家主张轻罪重罚，认为只有如此才能做到以刑去刑。对此《商君书》云："故禁奸止过，莫若重刑。"（《赏刑》）"行刑重其轻者，轻者不生，重者不来。"（《去强》）"行罚，重其轻者，轻者不至，重者不来。此谓以刑去刑，刑去事成。罪重刑轻，刑至事生。此谓以刑致刑，其国必削。"（《靳令》）"刑重而必得，则民不敢试，故国无刑民。"（《赏刑》）《韩非子》完全继承了《商君书》重刑和以刑去刑的思想，其《饬令》基本上是完全照抄《商君书》的《靳令》篇，而且韩非还对相反的观点大加驳斥：

> 今不知治者皆曰："重刑伤民，轻刑可以止奸，何必于重哉？"此不察于治者也。夫以重止者，未必以轻止也；以轻止者，必以重止矣。是以上设重刑者而奸尽止，奸尽止，则此奚伤于民也？所谓重刑者，奸之所利者细，而上之所加焉者大也。（《六反》）

重罚、重刑的思想在秦国的立法和司法中得到了充分的体现。《汉书·刑法志》云："秦用商鞅，连相坐之法，造参夷之诛；增加肉刑、大辟，有凿颠、抽胁、镬亨之刑。"统一六国之后，秦朝法律规定了"诽谤者族，耦语者弃市""敢有挟书者族""妄言者无类"等内容，司法也十分严苛，史载当时的情况是："刑者相半于道，而死人日成积于市。"（《史记·李斯传》）"赭衣半道，断狱岁以千万数。"（《汉书·食货志上》）"杀人众者为忠臣。"（《史记·李斯传》）成了重刑主义下官吏们标榜忠君的要诀。秦末农民革命运动风起云涌，蒯通前去见范阳令，游说后者赶快投降义军，不然有丧生的危险，因为"秦法重，足下为范阳令十年矣，杀人之父，孤人之子，断人之足，黥人之首，不可胜数"（《史记·张耳陈余列传》），慈父孝子们早已有报仇之志，只因畏惧秦法而不敢，现在天下大乱，秦法不施正是他们实施报仇的好时机。范阳令最后接受了蒯通的建议，投降了义军，可见蒯通的说法并非虚言，不然范阳令不会接受其说法。当然范阳令绝非特例，而只是秦朝众多官员中的普通一员。

汉王朝君臣总结秦亡之教训，抛弃了亡秦专任刑法的做法，吸纳儒家王道仁政的合理内容，“霸王道杂之”，在立法和司法上均有所宽缓，至《唐律》“一准乎礼”，完成了中国古代法律的儒家化，儒家的仁恕精神在中国古代立法和司法中间有体现，特别是宋代立法和司法，在保障人权上取得了前所未有的成就，达到了中国古代历史上的高峰。但是从汉至清，司法以惩罚为目的，司法中公开展示暴力，呈现出鲜明的惩罚性则始终未变。

一是重刑主义盛行。虽然儒家一再提倡宽刑、轻刑，但中国专制时代刑罚之重、之非理性，常令人匪夷所思。对此，我们可以从袁枚的一则笔记中窥得一鳞半爪：“北魏献文时，官不给禄，而受羊一口者死；私立学校者，师死门诛。隋文帝法：盗一钱者斩。唐法：食鲤鱼者杖一百。罗愿《尔雅翼》云：‘唐姓李，故号鲤曰赤鳝公。’官斋日，游僧舍者有禁；禁火日，民间以鸡毛插灰焦者死，见《五杂俎》。后唐长兴四年，私盐三斤以上，买卖人各杖四十，见《会要》。宋开宝二年，诏：父母在而别籍异财者论死。太宗时，江南见贩私盐二斤者死，建州民盗鱼一斤及市牛肉者杖脊送阙，张齐贤转运江南，一一条奏，自是送罪人者减半，见《通考》。明法：赃至十六两者剥皮，见《法传录》。”（《随园随笔》卷二十七《杂记类》）与儒家以德去刑的主张相反，实践中真正奉行的常常是法家重刑主张下的以刑去刑。

二是刑罚野蛮、残酷。经过汉文帝的刑罚改革，至隋唐，中国原始的墨、劓、腓、宫、大辟五刑被笞、杖、徒、流、死五刑所取代，但中国古代的刑罚并没有完全臻至文明。一则死刑种类繁多，执行方法残酷。对于谋反、恶逆等犯罪人即使瘐死或自杀也要戮其尸，如唐时房遗爱谋反“自杀，仍戮其尸”（《旧唐书·平阳公主传》）。元代的法律规定，“诸子弑其父母，虽瘐死狱中，仍支解其尸以徇”，“诸因争虐杀其兄者，虽死仍戮其尸”（《元史·刑法志三》）。明万历中，左都御史吴时来申明律例六条，其中之一即是在京恶逆与强盗真犯，虽停刑之年，亦不时处决，其死者下府州县戮其尸（《明史·刑法志一》）。二则笞、杖虽为轻刑，但也是身体刑，对罪犯进行毒打，使其忍受肉体痛苦，金国时“甚者置刃于杖，虐于肉刑”（《金史·刑志》）。三则执行徒、流刑时常要先行笞、杖，肉体的痛苦是必经程序。四则除了载于法典名例篇的笞、杖、徒、流、死外还存在大量的闰刑，如明清律的杂犯死罪斩、绞、迁徙、充军、枷号、论赎、凌迟、枭首、戮尸等。明正德五年（1510年），“磔流贼赵鐩等于市，剥为魁者六人皮。法司奏祖训有禁，不听。寻以皮制鞍镫，帝每骑乘之”（《明史·刑法志二》）。武宗朱厚照用人皮裹制成马鞍与马镫，经常骑乘着外出。时至光绪三十一年（1905年），中国的法律中还存在凌迟、枭首、戮尸和刺字等刑罚（《清史稿·刑法志二》）。

三是刑事司法过程中刑讯呈现常态化，不但被告人，而且控告人、证人也面临被刑讯的命运。刑讯逼供与儒家“爱人”“己所不欲，勿施于人”的仁恕精神是不相容的，历史上也有不少儒臣借用儒家的思想资源来批判和反对刑讯逼供，但由于中国古代侦查技术的落后、国家司法资源的有限，废除刑讯逼供不具有现实可能性。相反，历代以来虽间或对刑讯逼供的手段和强度有一定限制，但刑讯逼供本身却始终都是合法的，“断狱者急于榜格酷烈之痛，执宪者繁于诈欺放滥之文，违本离实，棰楚为奸，或因公行私，以逞威福”（《晋书·刑法志》）。

刑讯的手段繁多，无所不用其极，带给嫌犯的痛苦骇人听闻。翻阅史册，我们常可见到如下令人不寒而栗的记载和评论：“时法官及州郡县不能以情折狱，乃为重枷，大几围；复以缒石悬于囚颈，伤内至骨；更使壮卒迭搏之。囚率不堪，因以诬服”，“民多不胜而诬引，或绝命于杖下。”（《魏书·刑罚志》）“或有用大棒、束杖、车辐、鞋底、压踝、杖桄之属，楚毒备至，多所诬伏。”（《隋书·刑法志》）“俊臣每鞫囚，无问轻重，多以醋灌鼻。禁地牢中，或盛之于瓮，以火圜绕炙之。兼绝其粮饷，至有抽衣絮以啖之者。其所作大枷，凡有十号：一曰定百脉，二曰喘不得，三曰突地吼，四曰著即承，五曰失魂胆，六曰实同反，七曰反是实，八曰死猪愁，九曰求即死，十曰求破家。又令寝处粪秽，备诸苦毒。每有制书宽宥囚徒，俊臣必先遣狱卒，尽杀重罪，然后宣示。”（《旧唐书·刑法志》）“泥耳囊头，折胁签爪，县发熏耳，卧邻秽溺，刻害支体，糜烂狱中，号曰‘狱持’；闭绝食饮，昼夜使不得眠，号曰‘宿囚’。残贼威暴，取快目前。被诬者苟求得死，何所不至？”（《新唐书·刑法志》）“而又擅置狱具，非法残民，或断薪为杖，掊击手足，名曰‘掉柴’；或木索并施，夹两脰，名曰‘夹帮’；或缠绳于首，加以木楔，名曰‘脑箍’；或反缚跪地，短竖坚木，交辫两股，令狱卒跳跃于上，谓之‘超棍’，痛深骨髓，几于殒命。”（《宋史·刑法志二》）“刑部侍郎王仪独号惨刻，自创用绳索法，能以一索缚囚，令其遍身痛苦，若复稍重，四肢断裂。”（《新元史·刑法下刑律下》）“酷吏辄用挺棍、夹棍、脑箍、烙铁及一封书、鼠弹筝、拦马棍、燕儿飞，或灌鼻、钉指，用径寸懒杆、不去棱节竹片，或鞭脊背、两踝”（《明史·刑法志二》），“全刑者，曰械，曰镣，曰棍，曰拶，曰夹棍。五毒备具，呼謈声沸然，血肉溃烂，宛转求死不得。”（《明史·刑法志三》）由于刑讯的盛行，“诬服”“诬枉”和“诬引”的事例充斥着中国古代的史册，因刑讯致伤、致残和致死的人不计其数，一部中国古代司法史就是一部刑讯逼供史。

四是酷吏深文。比重刑更糟糕的是酷吏深文，在中国秦汉以降的历史时空里基本上是随处可见。执法的凶残常常远甚法律的野蛮，“奸吏招权，巧文弄法，货贿成市，多致枉滥。”（《隋书·刑法志》）“刀笔之吏，寡识大方，断狱能者，名在急刻。文深网密，则共称至公，爰及人主，亦谓其奉法。于是利在杀人，害在平恕，故狱吏相诫，以杀为词。非憎于人也，而利在己。故上以希人主之旨，以图荣身之利。徇利既多，则不能无滥，滥及良善，则淫刑逞矣。”（《旧唐书·刑法志》）对此，元代吏部主事贾廷瑞曾在上奏中说：“近年以来，府州司县官失其人，奉法不虔，受成文吏，舞弄出入，以资渔猎。愚民冒法，小有词诉，根连株累，动至千百，罪无轻重，即入监禁。百端扰害，不可胜言。”（《新元史·刑法下刑律下》）《史记》《汉书》《后汉书》《魏书》《北齐书》《北史》《隋书》《旧唐书》《新唐书》和《金史》都有专门的酷吏列传，酷吏深文不绝于史。

五是涉案人员常常九死一生。对于中国古代刑事司法而言，最可哀叹的是案件一旦进入司法程序，涉案人员基本上就是九死一生，刑罚执行完毕时已少有生还者。儒家的“爱人”“贵人”和“宽刑”主张并未能改善大多数涉案人员的处境。刑讯的泛滥，使不少人在案件事实查清前就殒命了。能挺过熬审领受判决的，由于死刑的普遍适用，不少人到头来也只是一个死。而万幸只被判决笞、杖轻罪的，执行同样是鬼门关，不少人毙命于笞、杖之下。对此，明弘治六年（1493年），李东阳曾言：“五刑最轻者笞杖，然杖有分寸，数有多寡。今在外诸司，笞杖之罪往往致死。纵令事觉，不过以因公还职。以极轻之刑，置之不可复生之地，多者数十，甚者数百，积骸满狱，流血涂地，可为伤心。”针对这个情况，他建议说：“请凡考讯轻罪即时致死，累二十或三十人以上，本律外，仍议行降调，或病死不实者，并治其医。”（《明史·刑法志一》）一位痛恨滥施酷刑的官员，对于考讯轻罪，即使致死累计二十或三十人以上的，也不过建议处以“议行降调”而已，其对考讯的极端容忍可见一斑。故官吏们考讯人犯时基本上可以说是毫无顾忌，着实令人哀叹。

徒刑同样生机不多，监狱条件的恶劣使许多人瘐死。汉地节四年（前66年），宣帝在诏书中曾哀叹说："今系者或以掠辜，若饥寒，瘐死狱中，何用心逆人道也!"（《汉书·宣帝纪》）对于死刑覆奏这样的仁恕制度，也每有人担心："四海万里，必须系以听朝命，恐自今瘐死者多于伏辜者矣。"（《宋史·韩晋卿传》）嘉祐五年（1060年），判刑部李綖上书说："一岁之中，死刑无虑二千余。"一年中，判死刑而没有奏覆核查的就有二千多人。有宋一代虽积贫积弱，但在治理瘐死上用功却最勤，宋神宗、哲宗、宁宗和理宗都十分关心瘐死问题，先后下诏要求对瘐死进行考评和对相关官员进行处罚和黜罢。元代刑法号称宽平，但瘐死问题也十分严重，元人王思诚曾言："州县俱无囚粮，轻重囚不决者，多死狱中，狱吏妄报其病月日用药次第。请定瘐死多寡罪，著为令。"（《元史·王思诚传》）明宣宗时，曾因为担心罪犯瘐死，特"阅囚屡决遣，有至三千人者"（《明史·刑法志二》）。

至于流刑和充军，其生还的机会就更加渺茫。发配岭南，通常"遇瘴疠死者十八九"（《隋书·库狄士文传》）。宋代"诸州流罪人皆锢送阙下，所在或寅缘细微，道路非理死者十恒六七"（《宋史·刑法志一》）。"罪人贷死者，旧多配沙门岛，至者多死……流人冬寒被创，上道多冻死"，"春州瘴疠之地，配隶至者十死八九"（《宋史·刑法志三》）。对此，宋仁宗曾在诏书中说："闻配徒者，其妻子流离道路，罕能生还，朕甚怜之。"（《宋史·刑法志三》）对于解押犯人戍边的效果，明人朱冕曾对明宣宗上奏说："比遣舍人林宽等送囚百十七人戍边，到者仅五十人，余皆道死。”（《明史·刑法志二》）未等到达，一半以上的罪囚已死于戍边的路上。而闰刑的执行通常比五刑还酷。例如，明代内行厂司法开创先例，“罪无轻重皆决杖，永远戍边，或枷项发遣。枷重至百五十斤，不数日辄死”（《明史·刑法志三》）。

无　刑

理想的司法状态是什么呢？对此，中国先贤给出的答案就是“无刑”，司法应以实现“无刑”作为追求的目标。对此，《尚书·大禹谟》载帝舜曾对皋陶说：

> 皋陶！惟兹臣庶，罔或干予正。汝作士，明于五刑，以弼五教。期于予治，刑期于无刑，民协于中。时乃功，懋哉。

帝舜认为刑罚本身并非司法目的，刑罚是用来预防犯罪的，施用五刑的目的是为了不用五刑。《大禹谟》系《古文尚书》中的篇目，其可靠性存在问题，帝舜未必真的讲过这些话，但“刑期于无刑”系战国时期儒者赞同的思想定无疑义。《论语·子路》载，孔子曾对“善人为邦百年，亦可以胜残去杀矣”的观点大加赞赏，消除刑戮是儒家所主张仁政的题中应有之义，孔子憧憬的大同社会是“谋闭而不兴，盗窃乱贼而不作，故外户而不闭”（《礼记·礼运》）的社会，大同社会不存在犯罪，自然也就是无刑的社会。孙星衍辑录的《孔子集语》收录了《大戴礼·主言》，其记载，孔子曾对曾子讲："昔者明主之治民有法，必别地以州之，分属而治之，然后贤民无所隐，暴民无所伏，使有司日省，如时考之，岁诱贤焉，则贤者亲，不肖者惧，使之哀鳏寡，养孤独，恤贫穷，诱孝悌，选贤举能。此七者修，则四海之内无刑民矣。"显然"四海之内无刑民"正是孔子所期许的理想社会治理状态。

与这种无刑的理想一脉相承的是，中国先贤很早就将刑罚的功能定位为教化和劝诫，《尚书·多方》云："慎厥丽，乃劝。厥民刑，用劝。以至于帝乙，罔不明德慎罚，亦克用劝。要囚，殄戮多罪，亦克用劝。开释无辜，亦克用劝。"从成汤到帝乙对犯罪的人使用刑罚均只是为了劝诫他们弃恶从善，促使其走上正道。囚禁罪犯，杀掉作恶多端的罪犯，是为了劝诫民众。释放那些无罪的人，也是为了劝诫民众。《尚书》作为儒家经典被历代读书人传习，特别是隋唐以来其被作为应科举考试的教材，使刑以劝善的思想历久弥新。

不仅孔子的传人均信守无刑这一司法理想，[①] 更为重要的是吸

---

①但对于像荀子这样十分重视人事、极富理性精神的儒家后学来说，其对彻底做到无刑和完全废除刑罚是不报任何期望的，《荀子·性恶》云："今当试去君上之埶，无礼义之化，去法正之治，无刑罚之禁，倚而观天下民人之相与也。若是，则夫强者害弱而夺之，众者暴寡而哗之，天下之悖乱而相亡不待顷矣。用此观之，然则人之性恶明矣，其善者伪也。"荀子坚信人性恶，在他看来没有刑罚对人加以约束社会是会乱套的，他是不会赞同完全废除刑罚的。荀子的言论后来被吕不韦的门徒们精炼为："国无刑罚，则百姓之相侵也立见。"（《吕氏春秋·孟秋纪·荡兵》）

取了儒家知识养分的法家也接受了无刑的说法。在法家眼中，法律是治国最重要（甚至是唯一）的凭据，据此法家自然是不会主张废除刑罚的。例如，《管子·明法解》就说："故无爵禄则主无以劝民，无刑罚则主无以威众。"为了震慑人民，《管子》的作者主张保留刑罚。但儒家的无刑理想已深入人心，成为战国时期人们的共识，接受儒学教育和熏陶的法家代表性人物，在大多数时候也不得不接受无刑的说法，承认无刑这一理想在道义上的无可辩驳性。例如，慎重即云："民积于顺，则刑罚废"，《管子·七臣七主》也出现了"故主虞而安，吏肃而严，民朴而亲，官无邪吏，朝无奸臣，下无侵争，世无刑民"的言语，而在《商君书》的《赏刑》和《定分》诸篇中均对无刑加以正面肯定。

法家与儒家均认同无刑的司法理想，但是在关于实现无刑的方法和途径上两家存在分歧。儒家主张为政以德，力倡以德去刑，认为在圣人主持下长期实施道德教化即可达到去刑的目的。而法家倡导法治，力倡以刑去刑，认为只要轻罪重刑，加大对犯罪的惩罚力度即可促使人们不敢犯罪，从而达到废除刑罚之目的。《商君书》中对以刑去刑有详尽的论述：一是公布法律，开展法律教育，让人们知悉法律，自觉遵守法律，从而避免受到刑罚的惩罚。对此，《商君书》的作者云："故圣人立，天下而无刑死者，非不刑杀也，行法令明白易知，为置法官吏为之师，以道之知。万民皆知所避就，避祸就福，而皆以自治也。故明主因治而治之，故天下大治也。"（《定分》）二是实行重刑，加大刑罚的惩罚和恐吓力度，使人不敢违法犯罪。对此《商君书》的作者说："求过不求善，藉刑以去刑。"（《开塞》）"故曰：重刑，连其罪，则民不敢试。民不敢试，故无刑也。夫先王之禁，刺杀，断人之足，黥人之面，非求伤民也，以禁奸止过也。故禁奸止过，莫若重刑。刑重而必得，则民不敢试，故国无刑民。国无刑民，故曰：明刑不戮。"（《赏刑》）"故以战去战，虽战可也；以杀去杀，虽杀可也；以刑去刑，虽重刑可也。"（《画策》）这种以刑去刑的主张在法家文献中还见于《管子》。《管子》的作者也说："以有刑至无刑者，其法易而民全；以无刑至有刑者，其刑烦而奸多。"（《禁藏》）认为从有刑到无刑能做到法律简易而人民得到保全，相反，从无刑到有刑法律就将烦琐而恶人反会增多。

秦王嬴政完全采纳了法家的治国策略，但秦王朝的暴政很快就导致其走向末路。实践证明法家以刑去刑的办法并非良策，伴随秦王朝的灭亡，法家被钉在了耻辱柱上，其在话语上的正统地位也被取代。汉以来，高举无刑理想的重担落在了儒生们的身上，以德去刑被视为唯一正途，[①] 当然事实上是"霸王道杂之"，道德教化和刑法并用。

① 当然汉以降仍然有少数人抱着法家以刑去刑的重刑思想不放，西晋时期的律法学家刘颂即是最著名的代表，他多次上表力倡恢复肉刑，认为废除肉刑后使生刑太轻，以致刑罚不能制止犯罪，他批评说："古者用刑以止刑，今反于此。"（《晋书·刑法志》）

不过中国的先贤也并非全是不顾现实的乌托邦主义者，他们高举无刑的理想，但在现实中却并不主张完全取消刑罚，他们更愿意看到的是保持刑罚的恐吓、威慑作用，而使人不愿、不敢违法犯罪，他们心目中期望的是“威厉而刑措不用”（《韩诗外传》卷三），刑措（也写作刑错，即置刑罚而不用）才是他们努力追求的现实目标。《荀子·议兵》云：“传曰：‘威厉而不试，刑错而不用。’”刑措是在保持刑罚恐吓、威慑的前提下，不用或少用刑罚。刑措是无刑思想的现实版本，也是汉以来历代王朝有为君主们实际追求的目标。

需要说明的是，为了实现无刑之理想，中国古代知识分子（特别是儒生）用心良苦，他们发明了一个关于上古是刑措时代的叙事传统：儒家圣人治理的时代是基本不用刑罚的，即“上古议事以制，不为刑辟”（《晋书·刑法志》）。《尚书·舜典》云：“流共工于幽洲，放驩兜于崇山，窜三苗于三危，殛鲧于羽山：四罪而天下咸服。”帝舜时期只处罚了四个罪人就实现了天下大治的目标。汉儒董仲舒的学生司马迁在其所撰写的《史记》中云：“古者帝尧之治天下也，盖杀一人刑二人而天下治。传曰：‘威厉而不试，刑措而不用。’”（《礼书》）又云：“故成康之际，天下安宁，刑错四十余年不用。”（《周本纪》）“成康刑错”（《汉书·刑法志》）变成了一种固定的说法。对此，连汉武帝都深信不疑，并且将刑措作为自己追求的目标。元光五年（前130年），汉武帝在征贤良文学的诏书中策问众儒生时云：“盖闻上古至治，画衣冠，异章服，而民不犯。”（《汉书·公孙弘传》）汉武帝接受了远古时代政治完善，治国不用刑罚的这套说教，后世中国的权力和知识精英也不例外。例如，青龙四年（236年），魏明帝曹叡就在诏书中说：“有虞氏画象而民弗犯，周人刑错而不用”，哀叹自己“朕从百王之末，追望上世之风，邈乎何相去之远？法令滋章，犯者弥多，刑罚愈众，而奸不可止”（《三国志·魏书·明帝本纪》）。“周人刑错”已作为正确的知识被人们记忆和传承下来。

在中国历史上致力于刑措并取得突出业绩的著名事例：一是汉文帝时“选张释之为廷尉，罪疑者予民，是以刑罚大省，至于断狱四百，有刑错之风”（《汉书·刑法志》）。二是唐太宗贞观四年（630年），“天下断死罪二十九人”（《新唐书·刑法志》）。三是开元二十五年（737年），“刑部断狱，天下死罪惟有五十八人”（《旧唐书·刑法志》），有鹊在大理狱院树上筑巢，百僚以“几至刑措”上表陈贺。这些成就都可归功于儒家德治教化学说的正面影响。例如，史家就认为汉文帝主要依仗的是儒家德治路线，称赞其云：“专务以德化民，是以海内殷富，兴于礼义，断狱数百，几致刑措。”（《汉书·文帝纪》）唐代也是如此，李唐信奉儒家教义，以儒家经典为教材开科取士，其成就在事实上和话语上都不可能离开儒家的学说。

而当统治者常常把无刑、刑措不用[①]、胜残去杀[②]挂在嘴边时，囹圄空、狱空（牢狱空虚）自然也就成了其追求的现实目标。文献表明，狱空正是历代循吏追求的目标。例如，东汉时的韦义，“为广都长，甘陵、陈二县令，政甚有绩，官曹无事，牢狱空虚”（《后汉书·韦义传》）。到宋、辽、金、元朝时，狱空基本制度化了，朝廷对此十分重视，常常对实现狱空的官员进行奖励。例如，金大定七年（1167年）五月丙午，“大兴府狱空，诏锡宴劳之。凡州郡有狱空者，皆赐钱为锡宴费，大兴府锡宴钱三百贯，其余有差”（《金史·唐括安礼传》）。辽开泰五年（1016年）三月辛酉，“诸道狱空，诏进阶赐物”（《辽史·圣宗六》）。辽重熙六年（1037年）秋七月辛丑朔，辽兴宗耶律宗真“以北、南枢密院狱空，赏赉有差”（《辽史·兴宗一》）。辽清宁二年（1056年）闰三月乙巳，“南京狱空，进留守以下官”。宋真宗在做皇太子时，掌管开封府，

①公元578年，北周武帝宇文邕在亲征突厥的途中病倒，回到洛阳当天就驾崩了，时年36岁，他在遗诏中饱含深情地写道：“朕君临宇县，十有九年，未能使百姓安乐，刑措不用。”（《北史·周本纪下》）弥留之际仍念念不忘“刑措不用”这一理想目标，并为理想未实现而引为憾事。开皇末年，王伽押送李参等79名重囚犯进京，王伽解除其械具，请众人自行定期在京师汇集以便执行刑罚，结果李参等79人均按期达到指定地点，无一人逃跑，王伽对囚犯们的信任以及囚犯们的守信令隋文帝感动不已，在殿庭宴请众囚犯及其家人，将其全部赦免，事后隋文帝在诏书中说：“若使官尽王伽之俦，人皆李参之辈，刑措不用，其何远哉！”（《北史·王伽传》）

②贞观十一年（637年），魏征向唐太宗上疏中称：“胜残去杀，无待于百年。”（《贞观政要·君道》）

“开封政务填委，帝留心狱讼，裁决轻重，靡不称惬，故京狱屡空，太宗屡诏嘉美”（《宋史·真宗本纪一》）。绍圣二年（1095年）春正月乙丑，“殿前司奏狱空，诏赐缗钱”（《宋史·哲宗本纪二》）。

当然狱空制度也有弊病，一是有的人弄虚作假，妄称狱空。对此，宋太宗就曾下诏规定：“妄奏狱空及隐落囚数，必加深谴，募告者赏之。”（《宋史·刑法志一》）绍兴十九年（1149年），南宋高宗曾对秦桧说：“自今有奏狱空者，当令监司验实。果妄诞，即按治，仍命御史台察之。”（《宋史·秦桧传》）二是人为追求，易致冤假错案。例如，史载政和初年，李孝寿任开封府尹，奉宸库吏吕寿盗金，被逮捕入狱后逃走，孝寿将看守兵士全部拘捕，判为故意纵逃，不负责从事的官吏以及不值班的人，也以不立即追拿论罪，一共发配去服役的有四十人，他又暗中贿赂行杖刑的人命其加重杖责，有六七人才出关就死了。徽宗知道此事后，命令让其他人全部回来，谏议大夫毛注对李孝寿进行了弹劾，然而令人匪夷所思的是，李孝寿“犹以狱空上表贺”（《宋史·李孝寿传》）。有鉴于此，政和三年（1113年）九月庚寅，徽宗下诏“大理寺、开封府不得奏狱空，其推恩支赐并罢”（《宋史·徽宗本纪三》）。

无 讼

纠纷不可避免，诉讼也难以消除，但纠纷的危害和诉讼的缺点却是明显的，它们破坏了和谐安宁的社会氛围，既增加了国家的负担又导致了当事人的诉累。所以，中国先民很早就对诉讼做出了否定性评价，将无讼作为社会治理的理想目标。

《易经·讼卦》的《卦辞》云：“讼：有孚窒惕，中吉；终凶，利见大人，不利涉大川。”诚信被窒塞、心有惕惧才争讼，争讼不息则有危险。其《象辞》云：“天与水违行，讼；君子以作事谋始。”天西转与水东流相违背而行，事不和谐才导致争讼，故君子办事之初就要考虑如何杜绝争讼的本源。讼卦的《卦辞》和《象辞》准确地表明了中国传统文化对诉讼的基本认识和思想态度：争讼绝非好事，君子应当防微杜渐，将诉讼消灭于萌芽之际。

在这种社会思想文化背景下，孔子说：“听讼，吾犹人也，必也使无讼乎！”（《论语·颜渊》，另见《大学》）这再平常不过了。无讼是普罗大众的共同追求，孔子对此完全赞同，他与世人的看法毫无二致。现在有不少人将无讼思想的源头归于儒家，加在孔子头上，实际上无讼绝非孔子的发明，孔子是文化的守成者，他不过是接受了当时社会的通识而已。当然儒家对强化无讼思想还是有独特贡献的：一是传授了《易经》等文化典籍，使无讼思想广泛流传。二是儒家在义利之辩上主张重义而轻利，例如孔子就说：“君子喻于义，小人喻于利。”又说：“放于利而行，多怨。”（《论语·里仁》）儒家要求人们重视仁义道德，放下逐利之心，不追逐私利当然就不会滥讼了。三是儒家思想的核心范畴仁与礼紧密相连，而礼也具有消弭纷争的作用。孔子说：“克己复礼为仁。一日克己复礼，天下归仁焉。”（《论语·颜渊》）而对于礼，孔子的高足有子曾说："礼之用，和为贵。"（《论语·学而》）礼是为建设和谐社会服务的，与争讼格格不入。故不容否认，原始儒家为论证无讼提供了许多新的思想资源。

为了防止人们滥讼，《周礼》的作者在进行制度设计时，[①]规定无论是争罪还是争财的案件均要交诉讼费用，其云："以两造禁民讼，入束矢于朝，然后听之。以两剂禁民狱，入钧金，三日乃致于朝，然后听之。"（《秋官·大司寇》）争财案件不交一百支箭，争罪案件不交三十斤铜，官方不会受理，强令打官司者必须付出代价，以阻止当事人随意发动诉讼。

而作为法家集大成者的韩非倡行法治，主张"言谈者必轨于法"（《韩非子·五蠹》），"言行而不轨于法令者必禁"（《韩非子·问辩》），但是他对诉讼也是排斥的，对诉讼的危害保持着高度的警惕：

> 狱讼繁则田荒，田荒则府仓虚，府仓虚则国贫，国贫而民俗淫侈，民俗淫侈则衣食之业绝，衣食之业绝则

---

①《周礼》绝非西周作品，更非周公所作，而是出自战国人之手，其作者应是一位熟悉春秋官制的政治设计家，他在很大程度上将其所熟悉的这套职官系统纳入到了自己的政治理想蓝图中（参见沈长云、李晶：《春秋官制与〈周礼〉比较研究——〈周礼〉成书年代再探讨》，《历史研究》2004年第6期）。《周礼》一书是根据官制象天的思想就官制设置所作的思想实验，其所载内容绝非真实的历史记录，这已是学界的共识，但现在仍有许多人以《周礼》作为讨论西周法制的基础，将《周礼》不加检讨地当成信史，实在是令人遗憾。

> 民不得无饰巧诈，饰巧诈则知采文，知采文之谓服文采。狱讼繁，仓廪虚，而有以淫侈为俗，则国之伤也，若以利剑刺之。（《韩非子·解老》）

韩非认为诉讼繁多就会导致田地荒芜、国家粮库空虚、民众染上淫逸奢侈的习俗，给国家带来极大的危害。可以说，主张无讼、息争是绝大多数中国先秦知识精英们的一项共识。对此，邓析也许是唯一不多的杰出例外。这位中国讼师的祖师爷是鼓励人们诉讼的。《吕氏春秋·审应览》载：

> 子产治郑，邓析务难之，与民之有狱者约：大狱一衣，小狱襦袴。民之献衣襦袴而学讼者，不可胜数。以非为是，以是为非，是非无度，而可与不可日变。所欲胜因胜，所欲罪因罪。郑国大乱，民口欢哗。子产患之，于是杀邓析而戮之，民心乃服，是非乃定，法律乃行。

邓析对诉讼是不加排斥的，他将教人诉讼作为谋生的手段，但结果落个被诛杀的命运。[①] 对于邓析的这一结局，吕不韦的门客们是毫不同情的，反而认为诛杀得对，说："今世之人，多欲治其国，而莫之诛邓析之类，此所以欲治而愈乱也。"（《吕氏春秋·审应览》）在他们看来，尽快杀掉邓析这种人是治理好国家最基本的前提和条件。

---

①关于邓析之死，《左传》与诸子的说法不一，《左传》说其为驷歂所杀，而《荀子》《列子》《吕氏春秋》皆言其为子产所杀。

先秦的无讼思想为后世所完全继承，特别是在汉武帝“罢黜百家，独尊儒术”后，儒学蜕变为儒术而成为官方的统治学说，无讼思想随即摇身一变由先秦时的私学变成了整个专制时代中国的官方统治学说，成为国家立法和司法的指导思想之一，息讼变成了各朝的国策，成为国家考核地方官员政绩的重要内容之一，地方官员也均以息讼为能，能否做到无讼或少讼成了评判官吏能干与否的重要标准。[①]无讼的思想和言论充斥在整个中国专制时代的各类官方和民间文献中，而且无论是道教还是佛教也都将息讼止争作为它们教义的一部分。[②]在此思想背景下，如果称一个官员其治下“合境无讼”，那就是对其政绩的最大肯定。如果一个人安分守己一生无讼，那么就是个良民。如果能帮人排难解纷，那么就会被认为是个大善人。[③]

那么官员们治理一方，如何才能做到无讼呢？对此，儒家早已给出了答案，那就是“道之以德，齐之以礼”（《论语·为政》），

①例如，北齐人宋世良之所以被称为循吏，其重要的作为之一就是其治清河郡“每日衙门虚寂，无复诉讼者”（《北齐书·循吏传》）。

②有学者研究指出，道教劝善书视争讼、唆讼为逆“道”之恶行，并借助各种通俗易懂的形式及道教“神灵赏罚，流及子孙”的报应论来宣扬息讼之善、兴讼之害，这为“无讼”观注入了宗教性因素。参见王谋寅:《道教劝善书中的“无讼”观》,《宗教学研究》2012年第1期。

③东汉时南阳郡湖阳人樊重，“外孙何氏兄弟争财，(樊)重耻之，以田二顷解其忿讼”(《后汉书·樊宏传》)，湖阳县里都称颂其美德，最后被乡里推荐为三老。

即用道德来教化，用礼仪来约束。中国古代的士大夫普遍认为对民众教化工作做得好，民众就不会兴诉讼。例如，南齐时王奂刚任刺史，只有衡阳一郡没有人来刺史府告状，于是感叹说："顾衡阳之化至矣。若九郡率然，吾将何事！"（《梁书·顾宪之传》）王奂将衡阳郡没有人告状看作是衡阳内史顾宪之教化工作做得好。反之，如果民众好讼，就被认为是教化之不行或未能取得成效之故。例如，隋文帝在表彰循吏王伽的诏书中即说："往以海内乱离，德教废绝，官人无慈爱之心，兆庶怀奸诈之意，所以狱讼不息，浇薄难理。"（《北史·王伽传》）

那么官员具体如何施展他们的教化工作呢？对此，我们从二十四史相关《循吏传》中可略知一二。首先是办学，学校教学活动是最好的教化方式。例如，《北史·循吏传》载梁彦光的事迹云：

> 初，齐亡后，衣冠士人，多迁关内，唯技巧商贩及乐户之家，移实州郭。由是人情险诐，妄起风谣，诉讼官人，万端千变。彦光欲革其弊，乃用秩俸之物，招致山东大儒，每乡立学，非圣哲之书不得教授。常以季月召集之，亲临策试。有勤学异等，聪令有闻者，升堂设馔，其余并坐廊下。有好诤讼惰业无成者，坐之庭中，设以草具。及大成当举，行宾贡之礼；又于郊外祖道，并以财物资之。于是人皆克励，风俗大改。

梁彦光为了改变民风，拿出自己的秩俸来办学，精神可嘉。为了促使学员认真学习，他还对其加以考核并按等级给予不同的待遇，使喜好争讼惰于学业者颜面尽失，从而收到了较好的效果。

其次是采取感化教育的方式使相关人悔过自新。生硬地就事论事、在法言法，对于涉及家庭、邻里等关系类纠纷案件的解决效果并不好，循吏与酷吏比较起来，有一大特色就是他们不是法条主义者，他们善于做人的思想工作，将道德感化教育广泛运用于司法过程之中。仍以梁彦光为例，《北史·循吏传》载：

> 有滏阳人焦通，性酗酒，事亲礼阙，为从弟所讼。彦光弗之罪，将至州学，令观孔子庙中韩伯瑜母杖不痛，哀母力衰，对母悲泣之像。通遂感悟，悲愧若无容者。彦光训喻而遣之，后改过励行，卒为善士。

孔子说："五刑之属三千，而罪莫大于不孝。"（《孝经·五刑章》）焦通事亲不讲礼节，依法当重处，但梁彦光并没有治他的罪，而是将他送到州学，让他看孔子庙中韩伯瑜被母亲用棍责打不痛，哀伤母亲力气衰弱，对着母亲悲泣的图像，使其悔悟。通过梁彦光的教育，焦通悔过自新，最终成了一名善人。史载梁彦光感化教育的办案方式取得了良好的效果，"吏人感悦，略无诤讼"（《北史·循吏传》）。

当然光靠道德教化的手段是不可能完全管用的，为了达致息讼和无诉的目的，历代统治者均不忘记采用法家的建议运用法制的手段。

第一，在立法上对告诉设置限制。一是收取诉讼费用，提高诉讼的成本。二是严禁卑告尊。这种思想渊源久远，《周易·讼卦》

云："自下讼上，患至掇也"，卑下的人与身居高位的人争讼，大祸将会马上降临，并非好事。《国语》载，元咺与其君主卫成公争讼，成公理曲，晋文公请求杀了卫成公，但周襄王为了维护君上臣下的封建礼法，拒绝杀掉卫成公。并说："君臣皆狱，父子将狱，是无上下也。"（《襄王拒杀卫成公》）为了维护等级制度，在整个专制时代，中国的法律都是倾向于禁止卑告尊的，只有极少的例外。秦朝法律就规定："子告父母、臣妾告主，非公室告，勿听……勿听，而行告，告者罪。"（《睡虎地秦墓竹简·法律答问》）在唐代，对尊长的告发，法律也将其定性为"十恶"中的不孝行为之一处以重刑。贞观二年（628年），唐太宗对身边的大臣说："自今已后，奴告主者皆不受，尽令斩决。"（《旧唐书·张镒传》）建中元年（780年），唐德宗下诏规定："准斗竞律，诸奴婢告主，非谋叛已上者，同自首法，并准律处分。"（同上）元英宗时，斡鲁思讦其父母，驸马许纳子速怯讦其父谋叛，其母私从人，皇帝不予嘉许，反而说："人子事亲，有隐无犯，今有过不谏，复讦于官，岂人子所忍为。"（《新元史·刑法下刑律下》）命令将其斩杀。三是禁止匿名告发。《睡虎地秦墓竹简·法律答问》记载，秦律中有禁止投书告发的规定。元代对匿名检举是严加惩治，法律规定："诸写匿名文书，所言重者处死，轻者流，没其妻子，与捕获人充赏。事主自获者不赏。诸写匿名文字，讦人私罪，不涉官事者，杖七十七。诸投匿名文字于人家，胁取钱物者，杖八十七，发元籍。诸见匿名文书，非随时败获者，即与烧毁；辄以闻官者，减犯人

二等论罪。凡匿名文字，其言不及官府，止欲讦人罪者，如所讦论。”（《元史·刑法志四》）

第二，普遍实行诬告反坐制度，打击恶意诉讼。诬告反坐，就是对诬告者要按其所诬告之罪加以处罚，诬告反坐是防止恶意诉讼的重要制度。秦朝时即有此制度，汉代继续保留，而且十分重视。元康四年（前62年）春正月，汉宣帝刘询下诏说：“朕惟耆老之人，发齿堕落，血气衰微，亦亡暴虐之心，今或罹文法，拘执囹圄，不终天命，朕甚怜之。自今以来，诸年八十以上，非诬告、杀伤人，佗（他）皆勿坐。”（《汉书·宣帝纪》）汉宣帝说他很同情那些犯罪的老人，决定对年满八十的老人有所宽大，免除他们的刑罚，但是诬告及杀伤人罪的除外，就是说犯诬告罪的即使年满八十的都不能免除刑罚，将诬告罪的危害与杀伤人罪并列。唐代诬告反坐制度进一步完善，《唐律》总共502条，就有“诬告谋反大逆”“诬告反坐及告二罪或二人以上有虚实”“告小事虚检得离其事之重事或等事”“诬告人犯流以下罪引虚”四条是涉及诬告罪的相关规定。元代法律规定“诬告者抵罪反坐”（《元史·刑法志四》），明代法律也规定“诬告者反坐”（《明史·刑法志二》），明“永乐间定制，诬三四人杖徒，五六人流三千里，十人以上者凌迟，家属徙化外”（《明史·刑法志二》），故明人彭汝实说：“夫诬告之律，视其所诬轻重反坐，此国法也。”（《明史·彭汝实传》）在此法制背景下，相关当事者到衙门去告状，指控相关人，司法官员一般都会让其具结诬告反坐甘结，让其保证若有诬告，甘愿反坐，以扼制人们滥诉。

第三，严禁越诉。《唐律疏议》“越诉”条规定：“诸越诉及受者，各笞四十。”元代法律规定：“越诉者笞五十七。”（《元史·刑法志四》）明朝对越诉的处理更为严厉，除了“越诉者笞”（《明史·刑法志二》）外，还出现了越诉者“戍之边”的重法，“宣德时，越诉得实者免罪，不实仍戍边。景泰中，不问虚实，皆发口外充军”（《明史·刑法志二》）。

第四，对申诉设置很高的门槛，使人望而却步。《明史·列女传》载八岁的诸娥为父亲和两兄长到京师诉冤，但当时朝廷有令“冤者非卧钉板，勿与勘问”，诸娥为了申冤，在钉板上翻滚，最后因为伤势过重而不幸牺牲。可见，要申冤就有可能得先献出自己的生命。

第五，严厉打击讼棍。专制时代的中国统治者没有忘记诛杀邓析这一先例，对挑唆词讼的人他们同样进行严厉打击，而且通过立法使对其镇压变得常规化。例如，《唐律》就有“为人作辞牒加增其状及受雇诬告”“教令人告及被教令告”两条律文，明、清律则将之并为“教唆辞讼”一条，严禁“讼棍”滋讼是专制时代中国统治者们的共识。汪辉祖在《病榻梦痕录》中详细记载了他在宁远任上是如何惩治一名叫黄天桂的讼师的：

> 先命杖，系之堂柱。检其讼案，分别示审。间日，审唆讼一事，则命杖二十，系柱如故。不半月，惫不可支，未审各案，其母求被告人吁息。又系十日，以累母

不孝，复予重杖，涕泣悔罪，取结释逐。(《讼师系柱》)

他先对黄天桂施以杖刑，然后将其绑在堂柱上，次日又对其杖责二十棍，然后仍然将其绑在堂柱上，不到半个月黄天桂就已疲惫不堪，其母亲出面向被告人求情希望得到原谅，汪辉祖又以其连累母亲不孝为由对其施以重杖，继续将黄天桂绑在堂柱上十天，最后黄天桂哭泣着悔罪，写下甘结的保证，才放了他。从本事例可见讼师基本上没有任何权利保障，被官员玩弄于股掌，想打就打，想绑就绑。汪辉祖系乾隆四十年（1775年）进士，著名学者和诗人，其自乾隆十七年（1752年）至五十年（1785年）累计在江浙做幕友达三十四年之久，对于法律和为官、为吏之道均十分精熟，他对讼师的态度在官场上较有代表性。

无讼是个理想，真实行起来是较难的，故文献中时常可见士人关于老百姓嚣讼、健讼等之类的抱怨，当然历史上也有个别官员在某些时段达到了接近无讼的境界，杜弼就是一位。史载其任光州曲城令时，“为政清静，务尽仁恕，词讼止息，远近称之”（《北齐书·杜弼传》）。杜弼行的是儒家的德治路线，收到了较好的无讼效果。裴政也是一位，史载其出任襄州总管，“妻子不之官，所受秩奉，散给僚吏。人犯罪者，阴悉知之，或竟岁不发，至再三犯，乃因都会时，于众中召出，亲案其罪，五人处死，流、徒者甚众。合境惶慑，令行禁止，称为神明，尔后不修囹圄，殆无诤讼”（《北史·裴政传》）。裴政主要采用的是法家以刑去刑的策略。只要努力，理想也有局部变成现实的机会。

山东诸城汉墓画像石摹本（表现汉代的笞刑和髡刑。引自：任日新《山东诸城汉墓画像石》,《文物》1981年第10期，第18页）

山东嘉祥武氏祠画像石——义士范贖（描写陈留郡外黄县的范贖请求代替哥哥受刑的情景。引自：张道一《汉画故事》，中华书局2020年版，第161页）

第二章　价值目标

价值目标是主体的社会实践活动所要达到的结果在观念上的预先设定，是主体追求的理想目标。价值目标对实践具有指引作用，一旦确定，就成为人们具体实践和活动的起点，人们在其指引下开展实践活动，创造相应的社会价值，并最终接近于将其实现，故价值目标又是人们社会实践活动价值创造的终点。

司法价值目标是一定社会统治阶级创设司法制度，运用司法方式来化解社会冲突和纠纷时所追求的目标或者希望其实现的某种主观愿望。司法价值目标体现着统治阶级对司法职能和使命的认识和评价，同时也是评价司法活动的标准和尺度，对具体的司法有指导作用。在家天下的中国古代，司法的价值目标，说穿了就是皇帝希望其创设、主宰和操控的司法所能达成的理想目标和图景。明确中国古代司法的价值目标是理解中国古代司法不可或缺的重要方面。通过对相关文献的解析和归纳，我们发现守信、公正、效率是中国古代司法的基本价值目标，下面就让我们来对其作一具体考察。

守信

所谓司法守信，是指严格依照法律来处理案件，司法兑现君主所制定的法律的承诺。关于诚信，在中国古代具有非常丰富的思想资源，《论语》总共二十篇，就有十三篇论及诚信问题，“信”字总共三十八见。“子以四教：文、行、忠、信。”（《述而》）信是孔子教育学生的重要内容。孔门后学则直接将诚信上升到天道的高度，《中庸》云：“至诚如神。”“诚者天之道也；诚之者人之道也。”在儒家后学的努力下，信最终成了人伦五常之一，诚实守信成了为人处世的最基本的道德要求。但守信成为中国古代司法的价值目标却不是简单地从个人伦理道德的角度来立论的，有其自身独特的政治思想逻辑和论证方式。

第一种论证方案是儒家提供的。儒家创造了一套天的哲学，天被赋予了最高主宰者的地位，并且能奖善罚恶，君主是天的儿子（即天子），一切权力和地位均来自于天授，君主是在获得所谓天命之后才登上世俗权力顶峰的。法天道，是君主必须遵循的基本行为规范。君主是不能随随便便制定法律的，法律是君主象天而制定的，是天启的结果，其本身正是天道的表达。法律体现了天的意志，故作为天的儿子（天子）为了表现孝顺，君主必须护法守法，只有如此方能兑现对天的承诺，对天有一个交待。而当君主以天的名义制定和颁布法律后，实际就是君主以自己的信用为背书向天下人作的承诺，君主不依法办事，不兑现法律，就会失信于天下。而循着这一思想理路，作为法实现的司法，守信自然就是其第一位的价值目标。由于儒学后来成了经学，儒家的这套话语体系在整个专制中国时期占据着主导地位，为包括皇帝在内的大多数人所信奉。例如，孙伏伽就曾劝谏唐高祖说："但法者，陛下自作之，还须守之，使天下百姓信而畏之。"（《旧唐书·孙伏伽传》）孙伏伽认为，法令是皇帝自己制定的，还须自己遵守，进而使天下百姓信服、敬畏。唐太宗也曾说："法者，人君所受于天，不可以私而失信。"（《资治通鉴·唐纪十二》）李世民认为法源自于天，君主只有依法办事，方能不失信于民。贞观初，朝廷大开选拔举荐之路，有人伪造级别和资历，李世民下令作伪的人自首，如果不自首就判处死刑。有人作伪而没有自首，戴胄依法判处其流放并上奏李世民，李世民对此很生气，戴胄说如果皇帝当时即将其杀了，那就不干他的事了，既然把案件交给他处理，他就不敢不依法办理，并进一步说："法者，国家所以布大信于天下，言者，当时喜怒之所发耳！陛下发一朝之忿而许杀之。既知不可而置之以法，此乃忍小忿而存大信也。若顺忿违信，臣窃为陛下惜之。"（《旧唐书·戴胄传》）听了此言，李世民心悦诚服，接受了戴胄的意见。法是国家向天下百姓公布的大信用的观念成了基本的法制信条。北宋初期著名学者李觏也说："刑者非王之意，天之意也；非天之意，天下之人之意也。"（《直讲李先生文集·刑禁第三》）李觏这个说法当然是了无新意，不过是对原始儒学教义的直接陈述而已。

而一个有意思的思想现象是，由于法律是源自于天道，而非皇帝一己的私意，于是大概在汉代就产生了法律乃是皇帝与天下人共有的说法。汉文帝时张释之为廷尉，有人惊了文帝所驾车的马，文帝令骑士将其逮捕交张释之治罪，张释之查明此人只是违反了清道戒严的号令，拟只处以罚金，文帝听后大怒，认为处罚太轻，张释之说：

> 法者天子所与天下公共也。今法如是，更重之，是法不信于民也。且方其时，上使使诛之则已。今已下廷尉，廷尉，天下之平也，壹倾，天下用法皆为之轻重，民安所错其手足？唯陛下察之。（《汉书・张释之传》）

汉文帝听后半晌承认张释之言之有理，汉文帝对张释之关于“法者天子所与天下公共也”提法的认可，使其作为一种政治正确的知识广为流传。例如，北魏太武帝拓跋焘就经常把“法者，朕与天下共之，何敢轻也”（《北史・魏本纪第二》）挂在嘴边，大臣犯法，他无所宽贷。《晋书・刑法志》亦云：“夫人君所与天下共者，法也。已令四海，不可以不信以为教，方求天下之不慢，不可绳以不信之法。”人君和天下人所共有的是法律，已经颁布四海，不能拿不守信用来当作教化，正要寻求天下人不怠慢，不能用没有信用的法律去约束。当隋文帝将尚书省上奏的依法应当流放之人处以死刑时，柳庄就上奏劝谏说：“臣闻张释之有言，法者天子所与天下共也。今法如是，更重之，是法不信于民心。方今海内无事，正是示信之时，伏愿陛下思释之之言，则天下幸甚。”（《隋书·柳庄传》）虽然隋文帝并没有采纳他的意见，但是其言语的正确性在史家看来是没有疑义的。又如，唐武德初李素立为监察御史，时有犯法不至死者，高祖特命杀之，李素立劝谏说：“三尺之法，与天下共之，法一动摇，则人无所措手足。陛下甫创鸿业，遐荒尚阻，奈何辇毂之下，便弃刑书？臣忝法司，不敢奉旨。”（《旧唐书·李素立传》）唐高祖赞同李素立的看法，最终采纳了他的意见。贞观元年吏部尚书长孙无忌被召，没有解下身上的佩刀就进入了东上阁门，出了阁门后，监门校尉才发觉，尚书右仆射封德彝认为监门校尉当处死，而长孙无忌只需判徒刑两年，并罚铜二十斤。而大理少卿戴胄不同意封德彝的意见，认为依法两人都应被处死。李世民即说：“法者非朕一人之法，乃天下之法，何得以无忌国之亲戚，便欲挠法耶？”（《贞观政要·公平》）李世民下令重新定罪，封德彝坚持原来的处理意见，戴胄再次反对。鉴于监门校尉和长孙无忌均是过失，为了公平起见，李世民最后免除了监门校尉的死罪。李世民也接受了法“乃天下之法”的观念和提法。贞观初李乾祐为殿中侍御史，鄠令裴仁轨私役门夫，太宗欲斩之。李乾祐向太宗上奏说：“法令者，陛下制之于上，率土尊之于下，与天下共之，非陛下独有也。仁轨犯轻罪而致极刑，是乖画一之理。刑罚不中，则人无所措手足。臣忝宪司，不敢奉制。”（《旧唐书·李昭德传》）李乾祐以法令为皇帝与天下共有，非皇帝私有为由，劝阻唐太宗依法办案，不要泄私愤，李世民听从了他的劝诫。

当法律是皇帝与天下人共有之物而非其一己之私这样的思想观念作为一种知识被人们广泛接受，那么皇帝在道义上也就有了遵守法律的义务，恣意妄为、喜怒赏罚在道德上就站不住脚了，是一种不守信用的败德行为。而在儒家的话语体系中，中国古代的皇帝都是活着的圣人，中国古代君主都十分重视自身守信的圣人形象，有所谓“天子无戏言”一说，《史记·晋世家》载：

> 武王崩，成王立，唐有乱，周公诛灭唐。成王与叔虞戏，削桐叶为珪以与叔虞，曰：“以此封若。”史佚因请择日立叔虞。成王曰：“吾与之戏耳。”史佚曰：“天子无戏言。言则史书之，礼成之，乐歌之。”于是遂封叔虞于唐。

成王本戏言封弟弟叔虞，但在史佚的监督下最后不得不受“天子无戏言”这一成规的约束而被迫兑现了对弟弟叔虞的分封，自此后“天子无戏言”，言出必行，成了历代君主必须遵守的成宪，君主必须做守信的楷模，这是世人对君主最基本的道德要求。当守法被看作是对上天和天下民众承诺的兑现，是事关其信用的大事时，中国古代的皇帝在理性时都会自觉地追求和选择依法办事，把守信当作司法的重要价值目标。以致连金宣宗完颜珣那样只是接受了汉文化影响的游牧民族君主也将“赏罚国之大信，帝王所以劝善而惩恶，其令一出，不可中变”（《金史·纥石烈牙吾塔传》）作为自己执政的信条。

第二种论证方式是法家提供的，法家不求助于超验的天和神，

《管子·法法》云：“凡人君之所以为君者，势也。”他们从现实物质力量中去寻找君主统治的合法性依据，认为君主统治的合法性并不来自于神和民。在法家看来，法律是君主制定的，《管子·任法》云：“夫生法者，君也。”当然这种制定不是说君主要亲力亲为，亲自起草，法令可由臣子们辅助君主制定，即“法令者，君臣之所共立也”（《管子·七主七臣》），但法令必须体现君主的意志和利益，[①]君主通过法律实施赏罚，促使民众致力于君主所希望的耕战，从而达到富国强兵的目的。为此，君主应当遵守自己制定的法律，信守自己的承诺，因为只有如此才最符合君主自身的利益，才能树立君主的权威，达到最理想的治理效果。

为此，法家明确提出了“赏罚必信”的命题，商鞅立杆以明赏罚必信的故事家喻户晓，实际上吴起也作过类似的举动。《吕氏春秋·似顺论·慎小》载：

> 吴起治西河，欲谕其信于民，夜日置表于南门之外，令于邑中曰：“明日有人能偾南门之外表者，仕长大夫。”明日日晏矣，莫有偾表者。民相谓曰：“此必不信。”有一人曰：“试往偾表，不得赏而已，何伤？”往偾表，来谒吴起。吴起自见而出，仕之长大夫。夜日又复立表，又令于邑中如前。邑人守门争表，表加植，不得所赏。自是之后，民信吴起之赏罚。

---

①黄宗羲在《原法》篇中说君主制定的法律是“一家之法，而非天下之法也”。

而在法家文献中关于“赏罚必信”有许多的论述：“赏庆信必，则有功者劝。”“赏罚不信，五年而破。”（《管子·八观》）“用赏者贵诚，用刑者贵必。刑赏信必于耳目之所见，则其所不见，莫不暗化矣。诚，畅乎天地，通于神明，见奸伪也。”（《管子·九守》）“赏罚不信，则民无取。”“赏罚不信于其所见，而求其所不见之为之化，不可得也。”（《管子·权修》）“赏罚必则下服度。”（《管子·七臣七主》）“赏罚敬信，民虽寡，强。”（《韩非子·饰邪》）“小信成则大信立，故明主积于信。赏罚不信，则禁令不行，说在文公之攻原与箕郑救饿也。”（《韩非子·外储说左上》）连受到法家影响的《吕氏春秋》中也有不少类似的言论。例如，《离俗览·贵信》篇就说：“凡人主必信，信而又信，谁人不亲？故《周书》曰：‘允哉！允哉！’以言非信则百事不满也”，“君臣不信，则百姓诽谤，社稷不宁”，“赏罚不信，则民易犯法，不可使令。”“赏罚必信”的思想为后世所继承，影响深远，诸如“法令赏罚，莫大乎信”（《晋书·段灼传》），“夫赏罚黜陟，国之大信”（《晋书·庾亮传》），“国家之治，在于纪纲。纪纲所先，赏罚必信”（《金史·章宗四》），“陛下欲兴唐、虞之治，要在进贤，退不肖，信赏罚，薄征敛而已”（《金史·裴满亨传》）之类的言论，常常出现在历代君臣们的嘴边，被视作治国的金玉良言。

基于“赏罚必信”的理念，主张严格依法办事，反对任何赦免制度。对此，法家文献中有诸多论述。《管子》云：“民毋重罪，过不大也；民毋大过，上毋赦也。上赦小过，则民多重罪，积之所生也。故曰：赦出则民不敬，惠行则过日益。惠赦加于民，而囹圄虽实，杀戮虽繁，奸不胜矣。故曰：邪莫如蚤禁之。赦过遗善，则民不励。有过不赦，有善不遗，励民之道，于此乎用之矣。故曰：明君者，事断者也。”“凡赦者，小利而大害者也，故久而不胜其祸。毋赦者，小害而大利者也，故久而不胜其福。故赦者，奔马之委辔；毋赦者，痤雎之矿石也。”（《法法》）《商君书》云：“自卿相、将军以至大夫、庶人，有不从王令，犯国禁，乱上制者，罪死不赦。”“圣人不宥过，不赦刑，故奸无起。”（《赏刑》）《韩非子》也说：“故不赦死，不宥刑，赦死宥刑，是谓威淫。社稷将危，国家偏威。”（《爱臣》）“故明君无偷赏，无赦罚。赏偷，则功臣堕其业；赦罚，则奸臣易为非。”（《主道》）

而且更为重要的是，为了兑现君主的信用，保障法律能够得到严格执行，法家明确提出君主也必须遵守自己制定的法律，在遵守法律方面君主应当成为民众的榜样。首先，法家要求君主在思想上要时刻谨记，严格执法就是君主最核心的利益，法律价值高于一切。《管子·法法》云：“不为君欲变其令，令尊于君……不为爱民亏其法，法爱于民。”为了保障法律能够严格执行，君主应当节制自己的欲望，君主应当爱法甚于爱民。《管子·白心》云：“明君圣人亦不为一人枉其法。”其次，法家要求君主在行动上要带头遵守法律，做百姓守法的榜样。《管子·任法》云：“君臣上下贵贱皆从法，此谓为大治。”要实现天下大治，君主也要遵从法律行事。《管子·法法》云：“禁胜于身，则令行于民矣。”“是以有道之君，行法修制，先民服也。”禁令能约束君主自身，那么禁令就能在百姓中施行。有道的君主，施行法令，修订制度，总是先于百姓遵守法制，做出榜样。法家这些主张当然是有经验依据的。他们深知法制的最大破坏性力量就是君主的恣意妄为，让君主本身守信守法比什么都重要，但当他们承认君主拥有全能绝对的权力时，他们的这些主张注定会落空。

要守信，就要求法律具有一定的稳定性，不能朝令夕改。《韩非子·解老》云：“治大国而数变法，则民苦之。是以有道之君贵静，不重变法。”但变法改革也是法家的基本立场，法家对于因地制宜地进行适时变法是持双手赞成的。《商君书》云：“礼法以时而定，制令各顺其宜。”（《更法》）“圣人不法古，不修今。法古则后于时，修今则塞于势。”（《开塞》）后来《淮南子》完全接受了法家变法的思想与主张，其云：“故圣人论世而立法，随时而举事。”“七十余圣，法度不同，非务相反也，时世异也。”“所以为法者，与化推移者也。”（《齐俗训》）“故圣人法与时变，礼与俗化。”“法度制令，各因其宜。故变古未可非，而循俗未足多也。”（《氾论训》）

公　正

公正的观念在中国起源很早，《尚书》和《诗经》里面都可见到关于公正的诉求。《尚书·吕刑》载西周穆王对诸侯大夫们讲：

“吁！来，有邦有土，告尔祥刑。在今尔安百姓，何择非人？何敬非刑？何度非及？”周穆王指出诸侯大夫们要思考度量的应当正是审议案件要适宜公正。公正是祥刑的题中应有之义。《管子》《荀子》《韩非子》等先秦著作中都有“公正”这一术语，并有诸如“夫施功而不钧，位虽高为用者少；赦罪而不一，德虽厚不誉者多”（《管子·禁藏》），“毋以私好恶害公正，察民所恶，以自为戒”（《管子·桓公问》），“凡法事者，操持不可以不正；操持不正，则听治不公；听治不公，则治不尽理，事不尽应。治不尽理，则疏远微贱者无所告诉；事不尽应，则功利不尽举。功利不尽举则国贫，疏远微贱者无所告诉则下饶”（《管子·版法解》），“故公平者，职之衡也；中和者，听之绳也”（《荀子·王制》），“公正之士，众人之痤也”（《荀子·君道》），“故上者，下之本也，上宣明则下治辨矣，上端诚则下愿悫矣，上公正则下易直矣”（《荀子·正论》），“公正无私，见谓从横”（《荀子·赋》），“政者，正也”（《管子·法法》），“所谓直者，义必公正，心不偏党也”（《韩非子·解老》），“昔先圣王之治天下也，必先公。公则天下平矣。平得于公”（《吕氏春秋·孟春纪·贵公》）等相关论述。语言是思想的载体，人类的语言就是人类思想的记录，公正、公平等术语的出现和广泛运用表明在先秦时期中国人已有了发达的公正思想。而且人们还常常将公正看成是天道。孔子即说：“天无私覆，地无私载，日月无私照。”（《礼记·孔子闲居》）《管子·形势解》亦云：“天公平而无私，故美恶莫不覆；地公平而无私，故小大莫不载。”大公无私正是天之道，公正是神圣不可侵犯的。

而公正正是中国古代司法追求的另一种重要价值目标。《管子·版法解》云："凡法事者，操持不可以不正；操持不正，则听治不公；听治不公，则治不尽理，事不尽应。"《礼记·月令》云："决狱讼必端平。"而且中国古人讲的公正一点都不神秘，简单地说就是各得其分（所），得到法律上所应得的就是公正，将法定的权利义务兑现即为公正。对于这种意义上的公正，中国古汉语中有一个固定术语，那就是"当"。所谓"当"，用法家的说法就是"不逆天理，不伤情性，不吹毛而求小疵，不洗垢而察难知，不引绳之外，不推绳之内，不急法之外，不缓法之内"（《韩非子·大体》）①，"不游意于法之外，不为惠于法之内"（《韩非子·有度》），或"不淫意于法之外，不为惠于法之内"（《管子·明法》），即严格按照法律规定的内容来处理案件，把法律上的正义原原本本地交给当事人，不增加也不减少。对此，中国古典文献中有许多论断："古者王公大人，为政于国家者，情欲誉之审，赏罚之当，刑政之不过失。"（《墨子·非攻中》）"乃命有司，申严百刑，斩杀必当，毋或枉桡。"（《礼记·月令》）"审刑当罪，则人不易讼。"（《管子·问第》）"功当其事，事当其言，则赏；功不当其事，事不当其言，则罚。"（《韩非子·二柄》）"夫刑当无多，不当无少。"（《韩非子·难二》）"罪杀不辜，庆赏不当。若此者，天之所诛也，人

①此引文亦见于《慎子·佚文》。

之所仇也，不当为君。”（《吕氏春秋·孟秋纪·怀宠》）“命有司申严百刑，斩杀必当，无或枉桡，枉桡不当，反受其殃。”（《吕氏春秋·仲秋纪·仲秋》）“赏不事丰，所病于不均；罚不在重，所困于不当。”（《南齐书·崔祖思传》）“赏罚失当，或狱有冤滥。”（《元史·仁宗纪二》）

“当”这一概念包含了形式正义的期许，要求相同情况给予相同处理，不同情况给予不同处理，同罪同罚，异罪异罚，而“同罪异罚，非刑也”（《左传·襄公六年》），“罪同断异”将被认为是“刑罚失宜”（《晋书·刘隗传》）。而且这种形式主义的正义观要求人们应平等地执法和守法，否定除君主之外其他人在法律面前的特权。对此，儒家和法家的看法基本上是一致的。儒家主张王子犯法与民同罪，《孟子·尽心上》记载了孟子与桃应的一段对话：

> 桃应问曰：“舜为天子，皋陶为士，瞽瞍杀人，则如之何？”
>
> 孟子曰：“执之而已矣。”“然则舜不禁与？”
>
> 曰：“夫舜恶得而禁之？夫有所受之也。”
>
> “然则舜如之何？”
>
> 曰：“舜视弃天下犹弃敝蹝也，窃负而逃，遵海滨而处，终身䜣然，乐而忘天下。”

“亲亲”是儒家的基本原则，儒家十分重视孝，将不孝当作大罪，孔子曾说：“五刑之属三千，而罪莫大于不孝。”（《孝经·五刑》）而法律是天道的体现，当然也不可轻视。所以桃应的提问对孟子是一个极大的挑战，使其面临着守法和尽孝的两难选择，但对这一思想困境，孟子想到了一个两全的解决办法。一方面，孟子认为王子犯法与民同罪，舜不能凭借自己君主的权力而干预皋陶执法，瞽瞍不能因为是天子的父亲而享有不受法律追究的特权，有点法律面前人人平等的味道；另一方面，孟子认为舜也不能舍弃孝道，当父亲面临被法律惩罚的处境之时，作为儿子的舜应当设法保全父亲。为此，孟子对舜的建议就是舍弃天子位，背着父亲逃跑，到海边住下，忘记天下。这样既尽了孝道，又避免了滥用职权的问题，没有破坏法制。

王子犯法与民同罪在孟子这里还仅仅只是个思想实验，但在商鞅那里就是真的实践了。史载商鞅在秦国推行变法，太子犯法，商鞅就以“法之不行，自上犯之”为由，拟惩罚太子，但鉴于太子是储君，不可施刑，于是“刑其傅公子虔，黥其师公孙贾”（《史记·商君列传》）。对于太子犯法，商鞅也毫不客气，加以了追究，对其师傅和老师加以了处罚。不但付诸实践，还对其加以理论的总结，明确提出了“刑无等级”的主张，其云：“所谓壹刑者，刑无等级。自卿相、将军以至大夫、庶人，有不从王令，犯国禁，乱上制者，罪死不赦。有功于前，有败于后，不为损刑。有善于前，有过于后，不为亏法。忠臣孝子有过，必以其数断。”（《商君书·赏刑》）商鞅的“刑无等级”当然不能与现代的法律面前人人平等相提并论了，因为在他的理论中还有一个人不受法律约束，法律被他踩在脚下，那就是君主。对于《商君书》除君主之外其他人法律面前平等的观点，《韩非子》的作者也高度认同，明确主张“不辟亲贵，法行所爱”（《外储说右上》），“法不阿贵，绳不挠曲。法之所加，智者弗能辞，勇者弗敢争。刑过不辟大臣，赏善不遗匹夫”（《有度》）。除了君主外，任何人都不拥有法律之上的特权。

法家是法条主义者，强调严格执行法律，力排任何阻挠法律执行的影响和因素，为了执行法律，兑现法律的正义，他们明确提出大义灭亲的主张：“骨肉可刑，亲戚可灭，至法不可阙也！”（《慎子·逸文》）总之，作君主的不要袒护近臣，作臣子的要做到大义灭亲，这是法家对执法的具体要求。

“法定之后，中程者赏，缺绳者诛。尊贵者，不轻其罚；而卑贱者，不重其刑。犯法者，虽贤必诛；中度者，虽不肖者必无罪。是故公道通而私道塞矣。”（《淮南子·主术训》）严格执行法律，依法办案是公正的基本要求，即使这个法律本身不平等不正义，其赋予不同身份的人不平等的地位，只要能兑现法律的承诺，就算是实现了公正，这就是中国古人对法律之下的公正——司法公正的期许。一般而言，中国古人并不追求人与人之间的平等，中国先秦时期的诸子基本上都认同不平等，[①]法律赋予不同身份的人不同的地位，社会等级的尊卑贵贱也直接反映到法律之中，但就

① 参见何永军：《中国古代法制的思想世界》，中华书局2020年版，第100—107页。

是要把这个不平等的法律落到实处也是极其困难的，也需要为此付出艰辛的努力，但这种努力从没有中断。

首先，民众渴望司法公正。追求公正的对待是人之本能，不平则鸣，司法公正关系到民众的切身利益，他们追求公正是自然而然的。

其次，皇帝为了保持自己的天命，十分关心法律的公正问题。根据天人感应和灾异谴告的理论，民众得不到公正的对待，蒙受冤屈就会心生怨气，上天感应到这种怨气就会降下灾异，即所谓“天子赏罚不当，听狱不中，天下疾病祸福，霜露不时”（《墨子·天志下》），面对上天的谴告，皇帝如果仍然不思悔改，其天命就会被剥夺，失去统治的合法性，故为了保住天命，皇帝们十分关心司法的公正问题。这套灾异天谴的学说，自汉董仲舒以来基本成了中国一般知识精英所共同分享的常识，例如，隋文帝就曾在诏书中云：“每虑幽仄莫举，冤屈不申，一物失所，用伤和气。”（《北史·隋本纪下》）他十分担心官员们办案不公，使冤屈得不到伸张，损伤和气。后汉隐帝刘承祐在位时发生蝗灾，段思恭就上言说：“赦过宥罪，议狱缓刑，苟狱讼平允，则灾害不生。望令诸州速决重刑，无致淹滥，必召和气。”（《宋史·段思恭传》）段思恭认为只要做到案件处理公正适当，蝗虫这样的灾异就不会发生，故他希望皇帝下令各州快速判决重刑，不要拖延，以便招来祥和之气。司法公正问题事关天命，所以《贞观政要》中有专门的一篇来讨论公平问题，其《公平》篇主旨即为阐明君主处理政事，贵在公正平允。

最后，就现实政治来讲，官吏贪墨，司法不公正，就会使王朝失去人心，常常容易激发民变，危及王朝的统治。在中国历史上，司法不公常常是发动农民起义的重要口实，例如唐末王仙芝起义的反唐檄文即为“吏贪沓，赋重，赏罚不平”（《新唐书·黄巢传》），司法的不公正成了王仙芝号召民众反唐的大旗。正是看到这一点，故中国古代的政治家都十分重视司法公正问题。

而且更为重要的是，中国先民为追求司法公正，采取了一系列的行动。一是朝廷十分重视官员的公正司法，将培育廉洁公正的官员作为吏治建设的目标。一般而言，公正的官员，会受到皇帝的赞赏。例如，史载杨椿“为中部法曹，折讼公正，孝文嘉之”（《北史·杨椿传》），杨椿为中部法曹时，因为折讼公正，深得北魏孝文帝称赞。为此政府也常将是否公正作为官员考课的重要内容，例如，唐代考课的办法有所谓四善之说：“一曰德义有闻，二曰清慎明著，三曰公平可称，四曰恪勤匪懈。”（《旧唐书·职官志二》）公平是考课的重要内容，也是官员被期许的重要方面。皇帝告诫官员们要公正司法，更是老生常谈的事情。例如，天成二年（927年）十月，后唐明宗李嗣源发布恩诏说：“为政之要，切在无私；听讼之方，唯期不滥。天下诸州府官员，如有善推疑狱及曾雪冤滥兼有异政者，当具姓名闻奏，别加甄奖。”（《旧五代史·刑法志》）皇帝训示说为政最重要的在于无私，听取诉讼不要滥用刑罚，明确表示将对善于推求疑狱及曾昭雪冤案同时有特殊政绩的人加以甄别奖励。乾祐二年（949年）正月，后汉皇帝刘知远也在诏书中说："应三京、邺都、诸道州府见系罪人，委逐处长吏躬亲虑问，其于决断，务在公平。"（《旧五代史·刑法志》）他要求长吏亲自讯问囚禁的犯人，判决断案，务求公平。明道二年（1033年），宋仁宗"令四按分覆大辟，有能驳正死罪五人以上，岁满改官"（《宋史·刑法志一》）。在奖励公正司法官员的同时，对司法腐败、不公正判案的官员进行惩罚，中国古代有发达的司法官责任追究制度。

二是历代王朝均致力于司法公正的制度建设，虽然在专制体制下，这种法制建设是较为困难的，并且难以克服朝令夕改、人亡政息的毛病，但相关的审判机构一直在不断健全，审判制度也一直在完善。到唐代正式确立大理寺、御史台和刑部三个法司，使审判与复核分离，后世虽有损益，但审判、复核和纠察分离的办法一直延续了下来。同时，奏谳、录囚、死刑覆奏和复核、回避制度、[①]三司会审、九卿会审等制度也先后建立了起来。并有条件地允许当事人越诉、直诉，扩大司法救济的途径。

①唐时法律规定："凡鞫狱官与被鞫人有亲属仇嫌者，皆听更之。"（《旧唐书·职官志二》）元代法律也规定："诸职官听讼者，事关有服之亲并婚姻之家及曾受业之师与所仇嫌之人，应回避而不回避者，各以其所犯坐之。"（《元史·刑法志一》）

效　率

效率是指尽可能花费较小的代价以满足人们的需要和愿望，或者说是以较小的投入获得较大的收益。司法效率，简单地说，就是尽可能以较少的投入来实现司法的正义，它主要是以司法参与者时间的投入为度量的，因为时间的增加即意味着人财物投入的增加。迟来的正义非正义，效率（花费尽量少的时间）是公正司法的应有之义，公正本身即包含了效率的要素，同时效率本身也具有独立于公正的价值和地位。除了守信、公正外，效率也是中国古代司法追求的另一重要价值目标。乾祐二年（949年）五月辛未，后汉隐帝刘承祐在诏书中说："政化所先，狱讼攸切，不惟枉挠，兼虑滞淹。"（《旧五代史·刑法志》）政化所先，狱讼最迫切，不只是枉曲，同时也担心淹滞。刘承祐明确提出既希望实现司法公正，又希望达致司法高效，司法公正和效率都是皇帝所欲求的。不过需要指出的是，效率是现代人发明的术语，在中国古代并没有效率这样的术语，有的只是关于效率的思想和意识。

关于司法与时间关系的思考，在中国起源很早，《尚书·康诰》载，周公曾以成王的名义告诫卫康叔说："要囚，服念五六日，至于旬时，丕蔽要囚。"对幽禁的犯人，要反复考虑五六天，甚至十天，才能对他们作出判决。判决前要思考数天，目的是防止草率地作出判决，这里强调的是慎刑，但这表明时间与妥当司法的关系已进入了中国古人的视野。如果说此处的时间与司法的效率还没有什么关系，甚至周公是在讲为了保证司法的公正和妥当，效率不要太高，为了慎重有必要牺牲一下效率，那么《周易·讼卦》则明确希望提高诉讼效率，其初爻的《象辞》云："讼不可长也。"意即不要将争讼长久地进行下去，该止便止。而在《周礼》中，我们则看到了中国先民关于司法与时间关系的新思考，《周礼》的作者设计出了一套诉讼时效制度，权利人不在规定时间内提起诉讼，其诉讼权利就不再受到法律的保护：

> 凡治质剂者，国中一旬，郊二旬，野三旬，都三月，邦国期。期内听，期外不听。（《周礼·地官司徒·质人》）

对于处理有关券契的争讼，对都城、四郊、甸稍、小都、大都和诸侯国各自规定了不同的诉讼时效。在约定的时期内前来投诉就受理，过期就不受理。

> 凡士之治有期日，国中一旬，郊二旬，野三旬，都三月，邦国期，期内之治听，期外不听。（《周礼·秋官司寇·朝士》）

凡是法官受理诉讼均有时间规定，都城中十天，城郊二十天，野地三十天，诸侯国一年。在期限内就受理，在期限外就不受理。这些制度设计的存在，表明中国古人十分重视诉讼的效率，他们对权利在时间上的稳定性有自身的理解。

中国上古的司法在处理绝大多数案件时，效率都是较高的，因为上古实行的是神明裁判制度，将疑难案件事实的认定归之于神，一裁终局，案件基本上不存在上诉，故诉讼拖延的情况较少。但是汉以降，司法效率问题日渐凸显出来。原因是多方面的，长期羁押囚犯是对其本人及其家人进行敲诈勒索的有利条件，官员和胥吏们可从诉讼拖延中获得好处，这是导致司法拖延的重要主观原因。中国古代实行严厉的司法责任制，官员们怕出错而被追责是造成诉讼拖延的又一重要原因。而司法中央集权的强化，同时交通、通讯技术手段不能满足司法中央集权的需要，是导致中国古代司法淹滞的重要客观原因。

在汉代，根据刘邦在公元前196年发布的“自今以来，县道官狱疑者，各谳所属二千石官，二千石官以其罪名当报之。所不能决者，皆移廷尉，廷尉亦当报之。廷尉所不能决，谨具为奏，傅所当比律、令以闻”（《汉书·刑法志》）的诏令，官员只有遇到疑难案件不能决时才需要逐级上报上级官员，如果官员们能解决就不需要报皇帝裁决，由于疑难案件毕竟是少数，故大多数案件（包括死刑案件）事实上都是由地方官员（特别是太守）终审的，故有汉代“守令杀人，不待奏报”（《陔余丛考》卷十六）一说。

但受天人感应和灾异谴告学说的影响和君主加强专制集权的需要，从三国两晋南北朝时期开始，国家逐渐将死刑核准权收归到了中央。青龙四年（236年），魏明帝下诏书规定：“其令廷尉及天下狱官，诸有死罪具狱以定，非谋反及手杀人，亟语其亲治，有乞恩者，使与奏当文书俱上，朕将思所以全之。”（《三国志·魏书·明帝本纪》）对于死刑犯，只要不是谋反和亲手杀人的，曹叡都要求将案件上报，由其决定是否给予生路，如此就把一般死刑案件的决定权收归到了皇帝手中。大明七年（463年），南朝宋孝武帝下诏命令："自今非临军战阵，一不得专杀；其罪入重辟者，皆依旧先上须报，有司严加听察，犯者以杀人罪论。"（《南史·宋本纪中》）皇帝命令从今往后如果不是战争时期，一律不能专事杀戮，其罪责涉及重法的，都依旧例必须先上报，有司要严加审查，违犯的人以杀人罪论处。隋开皇十五年（595年），规定"死罪者三奏而后决"（《隋书·刑法志》）。唐代死刑覆奏覆核制度更加完备，李世民为了慎用死刑，规定"宜二日中五覆奏，下诸州三覆奏"（《旧唐书·刑法志》）。死刑等重大疑难案件的覆奏覆核制度，加强了司法的中央集权。一方面，为当事人增加了救济的途径，使一些人获得了生路；另一方面，由于中国古代社会交通和通讯技术难以提供支撑，延长了诉讼的周期和时间，导致一些人被长期羁押，以致产生了诉讼拖延的新问题。①

贞观十一年（637年），治书侍御史刘洎指陈当时尚书办理公务的弊病时说："或纠弹闻奏，故事稽延，案虽理穷，仍更盘下。

① 由于死刑覆奏太费时间，容易导致诉讼拖延，到宋代时已不大受欢迎，韩晋卿任大理寺卿时，有人引用唐朝判死罪三覆奏的例子，试图让天下众多案子都上奏后判决。韩晋卿即说："四海万里，必须系以听朝命，恐自今瘐死者多于伏辜者矣。"（《宋史·韩晋卿传》）韩晋卿表示反对，指出其做法并不可行，如此恐怕自今以后死在监狱中的人比服罪的人要多得多。最后朝廷采纳了他的意见。

去无程限，来不责迟，一经出手，便涉年载。”（《贞观政要·择官》）有的人害怕向皇帝奏明，故意拖延，有些案件虽已弄得很清楚，仍然盘问下属，公文发出没有期限，回复迟了也不责备，事情一经交办，就拖上成年累月。官员们怕出错过于谨慎是诉讼拖延的又一原因。

解决诉讼拖延问题最好的办法当然是设立程限制度了。《旧唐书·职官志二》载：“凡禁囚，五日一虑。”要求凡是拘禁的囚犯，要五天查看一次罪状。《唐令拾遗》一书所记唐代《公式令》规定：“诸内外百司所受之事，皆印其发日，为之程限，一日受，二日报（其事速及送囚徒，随至即付），小事五日程（谓不须检覆者），中事十日程（谓须检覆前案及有所勘问者），大事二十日程（谓计算大簿账及须咨询者），狱案三十日程（谓徒已上辨定须断结者）。”唐代对公文收发、处理的程限作了具体规定。元和四年（809年），唐宪宗李纯发布诏书说：

> 刑部大理决断系囚，过为淹迟，是长奸幸。自今已后，大理寺检断，不得过二十日，刑部覆下，不得过十日。如刑部覆有异同，寺司重加不得过十五日，省司量覆不得过七日。如有牒外州府节目及于京城内勘，本推即日以报。牒到后计日数，被勘司却报不得过五日。仍令刑部具遣牒及报牒月日，牒报都省及分察使，各准敕文勾举纠访。（《旧唐书·刑法志》）

因为刑部、大理寺决断系囚过于迟缓，皇帝规定了各自办案的程限，并令刑部开具遣牒及报牒的月日，牒报尚书都省和分察使，各准敕文检查纠察。这一道诏书正式建立了大理寺和刑部办案的程限制度。但问题并没有得到较好的解决，诉讼淹滞问题仍然较为突出，于是长庆元年（821年）五月，御史中丞牛僧孺上奏说：

> 天下刑狱，苦于淹滞，请立程限。大事，大理寺限三十五日详断毕，申刑部，限三十日闻奏。中事，大理寺三十日，刑部二十五日。小事，大理寺二十五日，刑部二十日。一状所犯十人以上，所断罪二十件以上，为大。所犯六人以上，所断罪十件以上，为中。所犯五人以下，所断罪十件以下，为小。其或所抵罪状并所结刑名并同者，则虽人数甚多，亦同一人之例。违者罪有差。（《旧唐书·刑法志》）

牛僧孺对于诉讼程限制度的改革提出了新的思路，他认为应当根据案件大小的不同分别设置不同的程限，以督促大理寺、刑部官员提高办案的效率，同时也对案件大中小的划分提出了自己的标准，要求对违反办案程限者要按等次治罪。

但诉讼淹滞、司法效率不高始终是一个大问题，现存正史记载了部分朝代皇帝与其大臣为提高司法效率所做的一些努力，例如后唐同光二年（924年）六月己巳，庄宗李存勖发布敕书说：

> 应御史台河南府行台马步司左右军巡院，见禁囚徒，据罪轻重，限十日内并须决遣申奏。仍委四京、诸道州府，见禁囚徒，速宜疏决，不得淹停，兼恐内外形

势官员私事寄禁，切要止绝，俾无冤滞。（《旧五代史·刑法志》）

李存勖要求御史台河南府行台马步司左右军巡院，将现禁囚徒，根据罪行轻重，限十日内均须决遣申奏。并委托四京、各道州府，将现禁囚徒，应迅速疏理判决，不得淹滞停留，并对权贵可能为了私事委托囚禁很是担心，要求切实制止杜绝，使无冤枉滞留。第二年五月己未，李存勖又下诏说："在京及诸道州府，所禁罪人，如无大过，速令疏决，不得淹滞。"（《旧五代史·刑法志》）要求在京城及各道州府，所囚禁的罪人，如果没有大的罪过，迅速疏理判决，不得淹滞。但问题显然没有得到解决，同年六月甲寅，李存勖又下诏说：

刑以秋冬，虽关恻隐，罪多连累，翻虑滞淹。若或十人之中，止为一夫抵死，岂可以轻附重，禁锢逾时。言念哀矜，又难全废。其诸司囚徒，罪无轻重，并宜各委本司，据罪详断申奏，轻者即时疏理，重者候过立春，至秋分然后行法。如是事系军机，须行严令，或谋恶逆，或畜奸邪，或行劫杀人，难于留滞，并不在此限。（《旧五代史·刑法志》）

如何提高诉讼效率一直是李存勖关心和思考的问题，但这个问题显然没有那么好解决。天成元年（926年）十一月庚申，后唐明宗李嗣源发布诏书说："应天下州使系囚，除大辟罪以上，委所在长吏，速推勘决断，不得傍追证对，经过食宿之地，除当死刑外，并仰释放，兼不许惩治。"（《旧五代史·刑法志》）李嗣源要求天下各州各使臣的在押囚犯，除死刑罪以上，由所在地的长吏，迅速推勘判决，不得旁追对证。经过食宿的地方，除当判处死刑的以外，都望释放，同时不许惩治。第二春，左拾遗李同上言："天下系囚，请委长吏逐旬亲自引问，质其罪状真虚，然后论之以法，庶无枉滥。"李同提出请委长吏每十天亲自引问天下在押囚犯，询问其罪状真伪，然后依法论处，希望没有冤枉滥刑。李嗣源听从了他的建议。

应顺元年（934年）二月戊午，后唐闵帝李从厚下诏说："应三京、诸道州府系囚，据罪轻重，疾速断遣。比来停滞，须奏取裁，不便区分，故为留滞。今后凡有刑狱，据理断遣。如有敕推按，理合奏闻，不在此限。"（《旧五代史·刑法志》）李从厚要求对在押囚犯，根据罪行轻重，迅速断决遣送。为了提高效率，除了有诏敕推究按察，理应奏闻的外，一般刑狱，不再奏报，据理断决遣送。

清泰元年（934年）五月丁丑，后唐末帝李从珂下诏说："在京诸狱及天下州府见系罪人，正当暑毒之时，未免拘囚之苦，诚知负罪，特轸予怀。恐法吏生情，滞于决断。诏至，所在长吏亲自虑问，据轻重疾速断遣，无淹滞。"（《旧五代史·刑法志》）时值酷暑，念及被囚禁的在押罪犯，李从珂担心执法官吏夹带私情，迟于判决断遣，要求官员接到诏书后，所在长吏亲自审问，根据轻重迅速断决遣送，不得淹滞。

宋代十分重视人权保障，对诉讼淹滞问题尤为重视。太平兴国六年（981年），宋太宗发布诏书说："诸州大狱，长吏不亲决，胥吏旁缘为奸，逮捕证佐，滋蔓逾年而狱未具。自今长吏每五日一虑囚，情得者即决之。"（《宋史·刑法志一》）鉴于长吏不亲自办理案件，胥吏为奸，逮捕证人拖延多年不结案，宋太宗规定，负责官吏每五天甄别覆审一次，情节属实的就立即判决。但司法中央集权与诉讼效率的矛盾也较前代更为突出：

> 复制听狱之限，大事四十日，中事二十日，小事十日，不他逮捕而易决者，毋过三日。后又定令："决狱违限，准官书稽程律论，逾四十日则奏裁。事须证逮致稽缓者，所在以其事闻。"然州县禁系，往往犹以根穷为名，追扰辄至破家。因江西转运副使张齐贤言，令外县罪人五日一具禁放数白州。州狱别置历，长吏检察，三五日一引问疏理，月具奏上。刑部阅其禁多者，命官即往决遣，冤滞则降黜州之官吏。会两浙运司亦言："部内州系囚满狱，长吏辄隐落，妄言狱空，盖惧朝廷诘其淹滞。"乃诏："妄奏狱空及隐落囚数，必加深谴，募告者赏之。"（《宋史·刑法志一》）

朝廷规定了办案的期限，违者将追究问罪，但基本是上有政策下有对策，朝廷于是加强了"数目字"监管，但问题仍然没有得到很好的解决，甚至出现了有人谎报狱空的事情。于是皇帝又下诏说，对谎报狱空和隐瞒囚犯人数的必须严加谴责，告发的人给予奖赏。真是旧问题没有解决又引发出新问题，可见要提高司法效率，解决诉讼淹滞问题是何其之难。但宋太宗一直在为此而努力，史载淳化初年开始设置各路提点刑狱司，“凡管内州府十日一报囚帐。有疑狱未决，即驰传往视之。州县稽留不决，按谳不实，长吏则劾奏，佐史、小吏许便宜按劾从事”。又规定：“凡大理寺决天下案牍，大事限二十五日，中事二十日，小事十日。审刑院详覆，大事十五日，中事十日，小事五日。”（《宋史·刑法志一》）大理寺所审理的案件，按照大中小的划分，各自规定有审限，审刑院审查复核案件，大中小案件也各有期限。司法程限制度更加完善。

至景祐二年（1035年），判大理寺司徒昌运言：“断狱有期日，而炎暍之时，系囚淹久，请自四月至六月减期日之半，两川、广南、福建、湖南如急按奏。”其后犹以断狱淹滞，又诏月上断狱数，列大、中、小事期日，以相参考（《宋史·刑法志一》）。仁宗认为断案拖延，又诏令每月上报断案的数目，列出大中小案的处理日期，以便互相参考。

元祐二年（1087年），刑部和大理寺又制定了制度，规定：“凡断谳奏狱，每二十缗以上为大事，十缗以上为中事，不满十缗为小事。大事以十二日，中事九日，小事四日为限。若在京、八路，大事十日，中事五日，小事三日。台察及刑部举劾约法状并十日，三省、枢密院再送各减半。有故量展，不得过五日。凡公案日限，大事以三十五日，中事二十五日，小事十日为限。在京、八路，大事以三十日，中事半之，小事三之一。台察及刑部并三十日。

每十日，断用七日，议用三日。”（《宋史·刑法志一》）

南宋理宗时，需要覆审的案件往往不及时上报，囚犯大多折磨致死。监察御史程元凤上奏说：

> 今罪无轻重，悉皆送狱，狱无大小，悉皆稽留。或以追索未齐而不问，或以供款未圆而不呈，或以书拟未当而不判，狱官视以为常，而不顾其迟，狱吏留以为利，而惟恐其速。奏案申牍既下刑部，迟延日月方送理寺。理寺看详，亦复如之。寺回申部，部回申省，动涉岁月。省房又未遽为呈拟，亦有呈拟而疏驳者，疏驳岁月，又复如前。展转迟回，有一二年未报下者。可疑可矜，法当奏谳，矜而全之，乃反迟回。有矜贷之报下，而其人已毙于狱者；有犯者获贷，而干连病死不一者，岂不重可念哉？请自今诸路奏谳，即以所发月日申御史台，从台臣究省、部、法寺之慢。（《宋史·刑法志三》）

理宗同意了程元凤的意见，然而史载有关部门滞延的作风不久又依然如故。

不但宋朝有程限制度，而且连金朝都建立了程限制度，金世宗与其大臣曾有一段对话：

> 又谓宰臣曰：“比闻大理寺断狱，虽无疑者亦经旬月，何耶？”参知政事移剌道对曰：“在法，决死囚不过七日，徒刑五日，杖罪三日。”上曰：“法有程限，而辄违之，弛慢也。”罢朝，御批送尚书省曰：“凡法寺断重轻

罪各有期限，法官但犯皆的决，岂敢有违？但以卿等所见不一，至于再三批送，其议定奏者书奏牍亦不下旬日，以致事多滞留，自今当勿复尔。”（《金史·刑志》）

从这则史料我们可知金朝对死、徒、杖罪案件分别规定了不同的程限，而且追究违反者的责任，皇帝也十分重视司法效率问题。

而辽朝同样重视司法效率问题，道宗清宁二年（1056年），命各郡长吏如各部条例，与下属官吏共同判决罪囚，不要致使冤死狱中，下诏说：“先时诸路死刑皆待决于朝，故狱讼留滞；自今凡强盗得实者，听即决之。”（《辽史·刑法志下》）由于死刑都等待朝廷判决，因此狱讼留滞，皇帝要求从今以后凡是强盗属实的，允许就地判决，为了提高效率，皇帝有条件地允许地方官员分享死刑案件的终审权。

明代同样十分重视效率问题，立法上也有程限的规定，《大明律》卷二十七《刑律十·捕亡》“盗贼捕限”条规定了违期捕获强盗应受到的处罚。《大明律》卷二十八《刑律十一·断狱》“淹禁”和“鞫狱停囚待对”条以及《大明律》所附《问刑条例》载“盗贼捕限条例”都涉及程限的规定，《明史·刑法志二》云：“凡狱囚已审录，应决断者限三日，应起发者限十日，逾限计日以笞。囚淹滞至死者罪徒，此旧例也。”明宪宗时山西巡抚何乔新检举拖延判决的佥事尚敬和刘源，建议说：“凡二司不决断词讼者，半年之上，悉宜奏请执问。”对此言论宪宗十分赞同，说：“刑狱重事，《周书》曰：‘要囚，服念五六日至于旬时’，特为未得其情者言耳。苟得其情，即宜决断。无罪拘幽，往往瘐死，是刑官杀之也。故律特著淹禁罪囚之条，其即以乔新所奏，通行天下。”(《明史·刑法志二》) 皇帝认为案件一旦查明，就应马上判决。官员拖延办理案件，往往使囚犯死在监狱之中，而对于无罪的人，简直就是刑官杀了他们。所以法律要规定延误罪囚的条文，命令将何乔新的奏章在天下公开实现，即官员拖延案件半年以上，都应当奏请拘押问罪。

清代法律对案件的审限也有明确规定,《清史稿·刑法志三》载：

> 凡审限，直省寻常命案限六阅月，盗劫及情重命案、钦部事件并抢夺、掘坟一切杂案俱定限四阅月。其限六月者，州县三月解府州，府州一月解司，司一月解督抚，督抚一月咨题。其限四月者，州县两月解府州，府州二十日解司，司二十日解督抚，督抚二十日咨题。如案内正犯及要证未获，或在监患病，准其展限或扣限。若隔属提人及行查者，以人文到日起限。限满不结，督抚咨部，即于限满之日起算，再限二、三、四月，各级分限如前。如仍迟逾，照例参处。按察司自理事件，限一月完结。州县自理事件，限二十日审结。上司批发事件，限一月审报。刑部现审，笞杖限十日，遣、军、流、徒二十日，命盗等案应会三法司者三十日。每月奏报，声明曾否逾限。如有患病及查传等情，亦得依例扣展。速

议速题，均限五日覆。死罪会核，自科钞到部之日，立决限七十日，监候限八十日。会同题覆，院寺各分限八日。由咨改题之案，展限十日。系清文加译汉十日或二十日，逾限附参。盗贼逾月不获，捕役汛兵予笞，官罚俸。吏兵两部《处分则例》，尚有疏防及初、二、三、四参之分。命案凶犯在逃，承缉、接缉亦按限开参。然例虽严，而巧于规避者，盖自若也。

虽然我们在翻阅古史时，经常会看到诸如诉讼延滞、淹迟、淹滞、冤滞之类的抱怨，但是中国古代也有许多办案效率极高的官员。例如，宋世景在北魏孝文帝时做司徒法曹行参军，其“明刑理，著律令，裁决疑狱，剖判如流”（《北史·宋世景传》），其裁决疑难案子，分析判断快得像流水一样。又如北齐的郎基，“带颍川郡，积年留滞，数日之中，剖判咸尽，而台报下，并允基所陈”（《北齐书·郎基传》）。多年的积案，他几天就处理完毕了，而且御史台对他的处理也不存异议，可谓是办案能人。北齐的崔暹升任中书监兼并省右仆射时，面对一千多被关押的囚犯，“暹初上省，便大录囚，旬月间，断雪略尽”（《北史·崔暹传》）。崔暹只用较少的时间就把涉及一千余囚犯的大量案件处理完毕了。唐代的崔咸历任陕州大都督府长史、陕虢观察等使，史载其“自旦至暮，与宾僚痛饮，恒醉不醒。簿领堆积，夜分省览，剖判决断，无毫厘之差，胥吏以为神人”（《旧唐书·文苑下·崔咸传》）。他从早到晚，和宾客僚佐痛饮，常常酒醉不醒，簿书堆集，到半夜批阅，剖判决断，没有毫厘差错，胥吏认为他是神人。在缺乏人权保障理念的情况下，官员拥有极大的行动自由权，调查取证时基本上是只要想得到就做得到，装神弄鬼、欺骗、刑讯逼供等一切能想得到的方法他们都用。故整体上讲，中国古代法官办案的效率实际比现代要高得多，但冤错案件也一定难免，对此我们在本书后面再接着讨论。

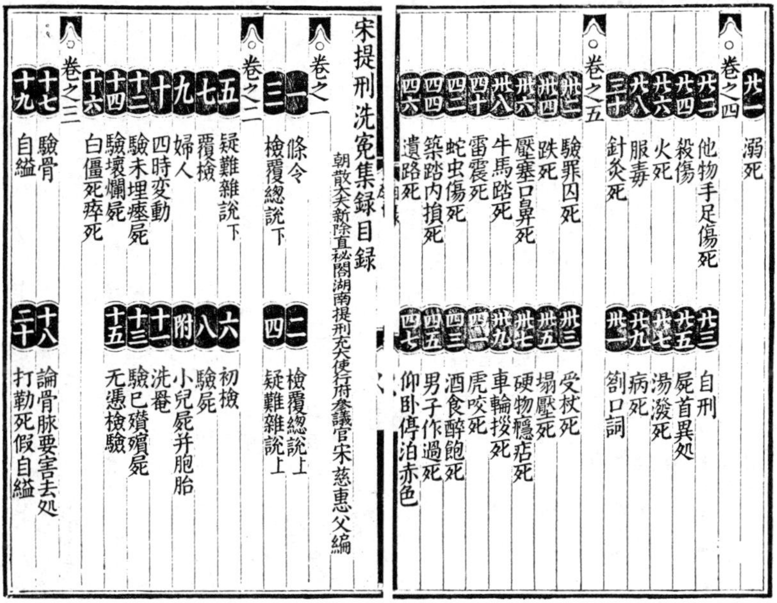

宋提刑洗寃集録目録

朝散大夫新除直秘閣湖南提刑充大使行府參議官宋慈惠父編

卷之一

一 條令　二 檢覆總說上
三 檢覆總說下　四 疑難雜說上

卷之二

五 疑難雜說下　六 初檢
七 覆檢　八 驗屍
九 婦人　附 小兒屍并胞胎
十 四時變動　十一 洗罨
十二 驗未埋瘞屍　十三 驗已殯殯屍
十四 驗壞爛屍　十五 無憑檢驗
十六 白僵死瘁死

卷之三

十七 驗骨　十八 論骨脉要害去処
十九 自縊　二十 打勒死假自縊
廿一 溺死

卷之四

廿二 他物手足傷死　廿三 自刑
廿四 殺傷　廿五 屍首異処
廿六 火死　廿七 湯潑死
廿八 服毒　廿九 病死
三十 針灸死　卅一 劄口詞

卷之五

卅二 驗罪囚死　卅三 受杖死
卅四 跌死　卅五 塌壓死
卅六 壓塞口鼻死　卅七 硬物癮痁死
卅八 牛馬踏死　卅九 車輪拶死
四十 雷震死　四一 虎咬死
四二 蛇虫傷死　四三 酒食醉飽死
四四 築踏内損死　四五 男子作過死
四六 遺路死　四七 仰卧停泊赤色

南宋·宋慈《洗冤集录》目录（清嘉庆十二年兰陵孙星衍覆元椠本）

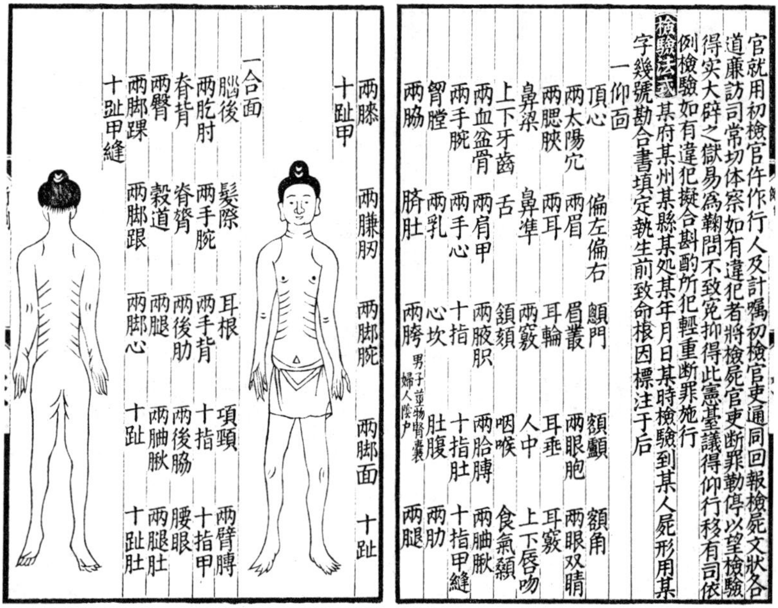

官就用初檢官仵作行人及計囑初檢官吏通同回報檢屍文狀各道廉訪司常切体察如有違犯者將檢屍官吏斷罪勤停以望檢驗得实大辟之獄易爲鞫問不致冤抑得此憲臺議得仰行移有司依例檢驗如有違犯擬合斟酌所犯輕重斷罪施行

檢驗法式 其府某州某縣某処某年月日某時檢驗到某人屍形用某字幾號勘合書填定執生前致命根因標注于后

一仰面

頂心 偏左偏右 顖門 額顱 額角

兩太陽穴 兩眉 眉叢 兩眼胞 兩眼双睛

兩腮頰 兩耳 耳輪 耳垂 耳竅

鼻梁 鼻準 兩竅 人中 上下唇吻

上下牙齒 舌 頷頦 咽喉 食氣顙

兩血盆骨 兩肩甲 兩腋胑 兩胳膊 兩曲瞅

兩手腕 兩手心 十指 十指肚 十指甲縫

胷膛 兩乳 心坎 肚腹 兩肋

兩脇 臍肚 兩胯 男子莖物腎囊 婦人陰户 兩腿

兩膝 兩臁肕 兩脚腕 兩脚面 十趾

十趾甲

一合面

腦後 髮際 耳根 項頸 兩臂膊

兩肐肘 兩手腕 兩手背 十指 十指甲

脊背 脊膂 兩後肋 兩後脇 腰眼

兩臀 穀道 兩腿 兩曲瞅 兩腿肚

兩脚踝 兩脚跟 兩脚心 十趾 十趾肚

十趾甲縫

南宋・宋慈《洗冤集录》内文（清嘉庆十二年兰陵孙星衍覆元椠本）

第三章　政策与原则

司法政策是指最高当局在一定理念指导下根据实际需要和社会经济发展情况所制定的对司法活动进行指引和规范的根本规则，其中包含着处理司法事务的一系列路线、方针、原则和指示，是国家处理司法问题及社会利益分配的一种导向或立场、态度。司法原则是贯穿司法整个过程，对司法的各项活动提供指引的根本准则。司法政策与原则为司法提供了基本的指南，能弥补法律的漏洞，克服法律的生硬和不当，使司法更加符合目的性。

在古代汉语中，并没有司法政策和司法原则这样的说法，只有政教和政令之类的术语，也没有政策和原则这样的词汇，但在司法过程中类似政策和原则这样具有指导性的理念和根本准则是存在的，较为重要的有慎刑和宽猛相济两点，下面我们就分别作一介绍。

慎　刑

所谓“慎刑”，就是指本着宽大仁恕的精神以审慎的态度对待刑事立法和司法，不乱杀无罪，乱罚无辜，用刑不冤不滥，刑罚权的发动、运用没有半点轻率。在古代汉语中，“慎刑”义同“慎罚”，均指谨慎地使用刑罚，故有时也混用，同时与它们相关的还有一个词就是“恤刑”，指用刑慎重不滥，是慎刑的必然要求。

慎刑的思想在中国具有悠久的传统和实践，大致在传说中的尧舜禹时代已经萌芽，《尚书·舜典》载舜统治时期用刑十分谨慎，只处罚了四个罪人天下就顺服了：“象以典刑，流宥五刑，鞭作官刑，朴作教刑，金作赎刑。眚灾肆赦，怙终贼刑。钦哉，钦哉，惟刑之恤哉！流共工于幽洲，放驩兜于崇山，窜三苗于三危，殛鲧于羽山，四罪而天下咸服。”[①]《舜典》在《今文尚书》中属于《尧典》的一部分，是战国到秦汉间的伪作，所载未必全是真实的历史事实，而更可能只是战国秦汉间人自己的思想。但除了《舜典》，《尚书》中还有《康诰》《多方》《吕刑》等包含慎刑思想的篇章，而且《康诰》《多方》是公认的西周初期文献，这表明至少在周朝初期慎刑思想已为统治者所重视和践行。

---

①明人丘濬认为“象以典刑”以下二十八字是万世圣人制刑之常典。“‘钦哉，钦哉，惟刑之恤哉’二句，凡九字，万世圣人恤刑之常心。圣贤之经典，其论刑者千言万语，不出乎此。帝王之治法，其制刑者千条万贯，亦不外乎此，后世帝王所当准则而体法焉者也。”（《大学衍义补》卷一百）

《尚书·多方》云："乃惟成汤，克以尔多方简，代夏作民主。慎厥丽，乃劝。厥民刑，用劝。以至于帝乙，罔不明德慎罚，亦克用劝。要囚，殄戮多罪，亦克用劝。开释无辜，亦克用劝。今至于尔辟，弗克以尔多方享天之命。"周公认为殷朝成汤到帝乙的几位君主都奉行明德慎罚的治国策略，十分重视德教，谨慎使用刑罚，无道的商纣王，抛弃祖德，以致丢失天命，遭受天罚，是罪有应得的。而取代商朝建立周朝的革命者周文王，则被说成是明德慎罚的楷模。《康诰》云："惟乃丕显考文王，克明德慎罚，不敢侮鳏寡，庸庸、祗祗、威威、显民。"周文王崇尚德教而谨慎地使用刑罚，不敢欺侮那些无依无靠的人，任用应当任用的人，尊敬应当尊敬的人，威罚应当威罚的人，并让民众了解这些。《多方》和《康诰》所记载的这些话都是出自周公之口，周公总结夏商灭亡和汤武革命的历史经验教训，最终提出了"明德慎罚"的统治学说，以周公为代表的周初统治者认识到刑罚是必不可少的，但滥用刑罚，只会重蹈夏桀、商纣灭亡[①]的覆辙，同时根据周人天命、天罚的理论，刑罚之所以要慎重，还因为其是天的意志，即所谓天罚，在《康诰》篇中周公就代成王训诫说："非汝封刑人杀人，无或刑人杀人，非汝封又曰劓刵人，无或劓刵人。"不是你

①《尚书·汤诰》云："夏王灭德作威。"《尚书·泰誓》载，周武王在孟津大会诸侯，控诉商纣王的罪恶云："今商王受，弗敬上天，降灾下民，沈缅冒色，敢行暴虐，罪人以族，官人以世。惟宫室、台榭、陂池、侈服，以残害于尔万姓。焚炙忠良，刳剔孕妇。"

要对人施刑，而是上天要你对犯罪人施刑。慎刑、慎罚是西周初年刑事司法的基本政策和原则，而文王子孙继承了这一政法传统，《尚书·吕刑》载，周穆王就曾说："朕敬于刑，有德惟刑。"我谨慎地对待刑狱，实行德政也必须保留刑罚。

但最终使明德慎刑成为专制中国君主们心向往之的治国基本方策，成为司法的基本指南，得力于儒家的传承和宣扬，《尚书》经孔子整理传授而变成士人学习的教本流传后世。《周易》旅卦的《象辞》言："君子以明慎用刑而不留狱。"《荀子·成相》亦云："明德慎罚，国家既治四海平。"在战国时期明德慎罚已成了士人们习得的关于治理国家的一种基本常识。而汉武帝采纳董仲舒的"罢黜百家，独尊儒术"的建议使儒学变成了官方的统治哲学，历两千年而不败，包括《尚书》在内的儒家典籍也相应先后变成了经典，成为君主和士人学习的基本内容，成了他们知识结构中的核心部分。

明德慎罚是一个基本理念，根据这一理念演绎出了许多具体的司法原则和制度，具体来说，在先秦的文献中慎刑的内容包括如下内容。

一、罔厉杀人

见于《尚书·梓材》，即不滥杀无辜的意思，这是慎刑的最基本要求。顾颉刚认为《梓材》是西周作品，孔子以及传人当然都读过它，并继承了这一思想。季康子问孔子是否可以以杀戮无道的方式使国政趋向清明，孔子回答说："子为政，焉用杀。子欲善，而民善矣。君子之德风，小人之德草，草上之风，必偃。"（《论语·颜渊》）孔子不赞同采取杀戮的方式来治理国家，认为统治者企求善，民众就会行善。孟子说伯夷、伊尹和孔子的相同点是"行一不义、杀一不辜而得天下，皆不为也"（《孟子·公孙丑上》），又说："杀一无罪非仁也。"（《孟子·尽心上》）荀子说在人上的儒者"行一不义，杀一无罪，而得天下，不为也"（《荀子·儒效》），又说："行一不义，杀一无罪而得天下，仁者不为也。"（《荀子·王霸》）废除死刑是儒家的梦想。《论语·子路》载，孔子曾说："善人为邦百年，亦可以胜残去杀矣。诚哉，是言也。"孔子对"胜残去杀"是心向往之的。孟子曾说："无罪而杀士则大夫可以去；无罪而戮民则士可以徙。"（《孟子·离娄下》）他是不会和滥杀无辜的无道君主合作共事的。如果要杀人，儒者在道义上也许只愿意接受孟子"以生道杀民，虽死不怨杀者"（《孟子·尽心上》）的做法。谋求生存而使民众被杀，他们即使死去也不会怨恨使他丧生的人。对此，后人有类似的说法："先王有刑罚以纠其民，则必温慈惠和以行之。盖裁之以义，推之以仁，则震悚杀戮之威，非求民之死，所以求其生也。"（《宋史·刑法志一》）

二、金作赎刑

见于《尚书·舜典》，意为可用铜来赎罪，相当于现在的罚金刑，用钱赎罪当然比肉刑和自由刑文明和人道得多。在后世轻罪常常可赎，不过大多只是官僚和富人的专利。

三、疑有赦

见于《尚书·吕刑》，原文为："五刑之疑有赦，五罚之疑有赦，其审克之。"按五刑判决有疑问的，可以从轻、减等按五罚处理。按五罚处理有疑问的，可以从轻、减等按五过处理，但必须审查核实，即使是细微的情节也要调查清楚。并且具体规定说："墨辟疑赦，其罚百锾，阅实其罪。劓辟疑赦，其罚惟倍，阅实其罪。剕辟疑赦，其罚倍差，阅实其罪。宫辟疑赦，其罚六百锾，阅实其罪。大辟疑赦，其罚千锾，阅实其罪。"对于判处墨、劓、剕、宫和大辟五种刑罚的疑案，用相应数额的罚金替代实刑。疑有赦，疑罪从轻的思想，在儒家其他文献中还可见到。例如，《尚书·大禹谟》云："罪疑惟轻，功疑惟重。"其大意是说罪行处罚轻重无法确定时，就从轻处理；功绩奖赏轻重无法确定时就从重赏赐。又如《礼记·王制》云："疑狱，泛与众共之，众疑赦之。"其与《吕刑》疑有赦在思想上也是一脉相承的。这一思想为后世立法所吸收，例如大宁元年（561年），北齐武成帝高湛在诏书中说："自今诸应赏罚，皆赏疑从重，罚疑从轻。"（《隋书·刑法志》）南朝刘宋名臣谢庄的奏书中也曾说："罪疑从轻，既前王之格范。"（《宋书·谢庄传》）而《唐律·断狱》明确规定："诸疑罪，各依所犯，以赎论。"元代法律也规定："诸疑狱，在禁五年之上不能明者，遇赦释免。"（《元史·刑法志四》）

四、师听五辞

见于《尚书·吕刑》，意思是说法官根据辞听、色听、气听、耳听、目听五个方面来考察断案。对此，《周礼·秋官司寇》有详细的表达："以五声听狱讼，求民情：一曰辞听，二曰色听，三曰气听，四曰耳听，五曰目听。"法官分别依据言辞、神色、气息、听觉和眼神来听断诉讼，求得诉讼人的实情，这样办案自然不容易出现差错，"师听五辞"是审慎办案的表现和要求。

五、哀敬折狱

见于《尚书·吕刑》，其意为法官应怀着哀怜的态度处理案件，这是对司法者司法时主观态度上的要求，后为儒家所完全承袭。《论语·子张》载孟孙氏让阳肤担任士师，阳肤向曾子求教，曾子说："上失其道，民散久矣。如得其情，则哀矜而勿喜。"曾子认为法官办案时必须怀抱哀敬之意，同情和怜悯民众。《左传·庄公二十年》云："夫司寇行戮，君为之不举。"司寇执行死刑，国君应废食撤乐，以示哀敬之意。这为后世有为帝王们所重视，唐太宗曾对大臣们说执行死刑的日子，"尚食勿进酒肉，教坊太常辍教习，诸州死罪三覆奏，其日亦蔬食，务合礼撤乐、减膳之意"（《新唐书·刑法志》）。

六、无简不听

见于《尚书·吕刑》，意为没有经过核查的案件不听，不作判决。案件未经核查审理不作判决当然是审慎的基本要求了。

七、罚弗及嗣

见于《尚书·大禹谟》，该篇有“罚弗及嗣，赏延于世”一语，其大意是说惩罚不连带子孙，奖赏延续至后代。《大禹谟》系《古文尚书》中的篇目，乃后世儒生的伪作，但说先秦儒家慎刑思想中包含反对族诛连坐的思想则是没有问题的，例如《孟子·梁惠王下》中就有“罪人不孥”的提法，意为对犯罪者的处罚不连及妻儿。《春秋公羊传·昭公二十年》云：“君子之善善也长，恶恶也短，恶恶止其身，善善及子孙。”这些都与“罚弗及嗣”的精神相通，都是对“罪人以族”（《尚书·泰誓上》）的反动，主张罪止其身。

八、与其杀不辜，宁失不经

见于《尚书·大禹谟》，其大意是说与其误杀无罪的人，宁可放过不遵守常法的人。《大禹谟》虽不可靠，但是先秦时期已有“与其杀不辜，宁失不经”的说法则是没有问题的，因为《左传·襄公二十六年》曾引用过此句，只是将其出处说成是《夏书》。《夏书》乃逸书，现已不可考，但这表明至迟在《左传》作者生活的春秋时期已有了这样的说法。而且更为重要的是，《左传·襄公二十六年》中公孙归生表达的思想更加丰满，其云：“善为国者，赏不僭而刑不滥。赏僭，则惧及淫人；刑滥，则惧及善人。若不幸而过，宁僭无滥。与其失善，宁其利淫。无善人，则国从之。”为了避免刑罚殃及无辜的好人，他力主杜绝滥刑，认为必要时宁肯冒险放纵犯罪也不错杀一人。

这一思想为《吕氏春秋》所传承：“闻善为国者，赏不过而刑不慢。赏过则惧及淫人，刑慢则惧及君子。与其不幸而过，宁过而赏淫人，毋过而刑君子。”（《开春论》）这一思想影响深远，例如南北朝时期北周名臣苏绰在草拟并奏请周文帝施行的六条诏书之五“恤狱讼”中就说：“先王之制曰：与杀无辜，宁赦有罪；与其害善，宁其利淫。明必不得中，宁滥舍有罪，不谬害善人也。”（《北史·苏绰传》）在苏绰的记忆中，儒家所膜拜的贤君明王们奉行的是与其杀害无辜之人，宁可赦免有罪之人，与其危害善良，宁可放掉邪恶之人。明知一定不能处罚得当，宁可舍弃那些有罪的人，也不错害善良的人。这当然是美化了，这样的时代在中国历史上从来就不存在，但是这样的理想和信念无疑是十分伟大的，是通向光明司法必不可少的条件。

九、眚灾肆赦，怙终贼刑

见于《尚书·舜典》，意为赦免过失犯罪的人，对犯了罪却始终仗恃不悔改的严加惩罚。区分犯罪者主观上的过失（眚）与故意（非眚），同时注意考察犯罪者的主观罪过程度。对此，《尚书·康诰》有更加详尽的阐释，其云：“人有小罪，非眚，乃惟终，自作不典，式尔，有厥罪小，乃不可不杀。乃有大罪，非终，乃惟眚灾，适尔，既道极厥辜，时乃不可杀。”即使是犯小罪，但不肯悔改也要被处死，相反，即使是犯了大罪，但能够悔改，那么就不可将其杀掉。《尚书·大禹谟》还有“宥过无大，刑故无小”的提法，意为如果是过失犯罪，无论多大，都可以得到宽恕；如果是故意犯罪，无论多小，都要施用刑罚。《舜典》为战国到秦汉间儒生的伪作，《大禹谟》也为《今文尚书》中的篇目，并不可靠，但是《康诰》的真实性是得到公认的，故类似“眚灾肆赦，怙终贼刑”的思想在西周就已存在了。

十、中罚

见于《尚书·立政》，该篇云：“周公若曰：‘太史、司寇苏公，式敬尔由狱，以长我王国。兹式有慎，以列用中罚。’”中罚即适当的刑罚，刑罚宽严适中是慎刑的基本要求之一。孔颖达就将《尚书·舜典》“惟刑之恤哉”疏为：“忧念此刑，恐有滥失，欲使得中也。”

十一、省刑罚

见于《孟子·梁惠王上》，意为减省刑罚。当然这首先是一个立法问题，其次才是司法问题。在儒家的叙事传统中，帝尧就是省刑罚的典范，例如《荀子·议兵》云：“古者帝尧之治天下也，盖杀一人、刑二人而天下治。”这与刑措的思路一脉相承。可喜的是，后世省刑罚确实时或被作为一个话题受到统治者的重视，例如建武二年（26年）三月乙未，刘秀大赦天下，其诏云："顷狱多冤人，用刑深刻，朕甚愍之。孔子云：'刑罚不中，则民无所措手足。'其与中二千石、诸大夫、博士、议郎议省刑法。"（《后汉书·光武帝纪上》）

十二、三刺

见于《礼记·王制》。原文云："司寇正刑明辟，以听狱讼，必三刺。"对于三刺，《周礼·秋官司寇》有详尽的解释："一曰讯群臣，二曰讯群吏，三曰讯万民。"类似三刺的思想我们还可以在《孟子》中见到，孟子对齐宣王说："左右皆曰可杀，勿听；诸大夫皆曰可杀，勿听；国人皆曰可杀，然后察之；见可杀焉，然后杀之。故曰国人杀之也。"（《梁惠王下》）三刺体现的是官民共治的精神。

十三、三赦

出自《周礼·秋官司寇》。原文为："壹赦曰幼弱，再赦曰老旄，三赦曰惷愚。"即赦免年龄幼小、年老和痴呆而杀人者，虽然《周礼》只是根据春秋时期的制度草拟的理想法制蓝图，并不是对历史的完全如实记录，但三赦却是有依据的，并非向壁虚构。《礼记·曲礼》云："八十、九十曰耄，七年曰悼，悼与耄虽有罪，不加刑焉。"据学者考证，《曲礼》为春秋末期和战国前期的作品，其成书年代恐还要早于《周礼》，故三赦是可信的。而更为重要的是，三赦的思想在后世影响深远，在法律中多有体现。《汉书·刑法志》载：

> ［后］三年［景帝］复下诏曰："高年老长，人所尊敬也；鳏、寡不属逮者，人所哀怜也。其著令：年八十以上，八岁以下，及孕者未乳，师、朱儒当鞠系者，颂系之。"至孝宣元康四年，又下诏曰："朕念夫耆老之人，发齿堕落，血气既衰，亦无逆乱之心，今或罗于文法，执于囹圄，不得终其年命，朕甚怜之。自今以来，诸年八十非诬告、杀伤人，它皆勿坐。"至成帝鸿嘉元年，定令："年未满七岁，贼斗杀人及犯殊死者，上请廷尉以闻，得减死。"合于三赦幼弱、老眊之人。

三赦在西汉已某种程度上法制化了。建武三年（27年）秋七月庚辰，刘秀下诏说："男子八十以上，十岁以下，及妇人从坐者，自非不道、诏所名捕，皆不得系。"（《后汉书·光武帝纪上》）东汉已大体沿袭了这一制度，后世也基本沿袭不废，只是越来越细化和精密而已。例如，北魏世祖太武帝拓跋焘时规定："年十四已下，降刑之半，八十及九岁，非杀人不坐。"（《魏书·刑罚志》）而《唐律·名例》"老小病残有犯之处置"条规定："诸年七十以上、十五以下及废疾，犯流罪以下，收赎。八十以上、十岁以下及笃疾，犯反、逆、杀人应死者，上请。"到了明代，法律规定更加细密："凡犯罪时未老疾，事发时老疾者，依老疾论，犯罪时幼小，事发时长大者，依幼小论，并得收赎（如六十九以下犯罪，年七十事发，或无疾时犯罪，废疾后事发，得依老疾收赎。他或七十九以下犯死罪，八十事发，或废疾时犯罪，笃疾时事发，得入上请。八十九犯死罪，九十事发，得勿论，不在收赎之例）。”（《明史·刑法志一》）

十四、三宥

出自《周礼·秋官司寇》，具体包括：“壹宥曰不识，再宥曰过失，三宥曰遗忘。”即对于看错人而杀人者、无心而误杀人者和忘了某处有人而误杀人者实行宽宥。

除了上面列举的这些关于慎刑的论断外，经典文献中还有一些零星的语句。例如，“要囚，服念五六日，至于旬时，丕蔽要囚”（《尚书·康诰》），要求反复考虑五六天，甚至十天，才能做出判决；“五过之疵，惟官、惟反、惟内、惟货、惟来。其罪惟均，其审克之”（《尚书·吕刑》），要求追究违法和不当司法者的责任；等等。而除了儒家传承和演绎的文献外，道家也是反对严刑峻法，反对滥用死刑的。例如，《老子·七十四章》云：“民不畏死，奈何以死惧之?”《文子·精诚》云：“老子曰：‘人主之思……威厉以诫，法省不烦，教化如神，法宽刑缓，囹圄空虚，天下一俗，莫怀奸心，此圣人之恩也。’”这些文献共同构成了中国古代慎刑思想的文献源头。

秦朝因暴而亡，取代它的汉王朝一开始就较为重视慎刑问题。当年刘邦入关，就与父老约法三章：“杀人者死，伤人及盗抵罪。

余悉除去秦法。”（《汉书·高帝纪》）省刑法，是刘邦诛暴秦的革命政权的基本政策。此后汉高后元年，除三族罪、妖言令，汉文帝又废除了原来的墨、劓、腓、宫、大辟的五刑体系，改肉刑为笞刑，改无期刑为有期刑，尽除收律、相坐法，汉景帝又进一步完善笞刑，完成了汉文帝废肉刑的改革，这些都是值得肯定的进步。而在儒学变成经学后，儒家文献中慎刑的言论也就变成了历代皇帝们学习的必修课，[①]士人们信奉的经典语录，成了统治者治国的基本思想资源。而在儒学变成官方统治学说后，董仲舒开创的包含天人感应、灾异谴告等内容的新儒学也逐渐成了官方统治学说的一个核心组成部分，这又为慎刑理念提供了更加丰满和坚实的哲学基础，使审慎运用刑罚直接与王朝和皇帝的天命联系起来，[②]慎刑的重要性被拔高到了前所未有的程度，受到了皇帝们的高度重视，于是我们就见到了如下这些记载：

太和十二年（488年）九月甲午，北魏孝文帝在诏书中说：“日月薄蚀，阴阳之恒度耳，圣人惧人君之放怠，因之以设诫，故称

①在中国专制时代作为储君的太子通常会受到最良好的儒学教育，由当时最有名望的硕儒对其进行一对一的学徒式的传授，而包含慎刑语录在内的儒家经典通常就是教学最基本的内容，有时“慎刑狱”甚至被作为单独的一门课程来讲授，例如万历皇帝的老师张居正，就让学官将记录明太祖以来各帝的《宝训》《实录》分类编成书，总共四十题，其中之一就是“慎刑狱”（《明史·张居正传》），“慎刑狱”是万历皇帝的必修课。

②参见何永军：《中国古代法制的思想世界》，中华书局2020年版，第116—126页。

‘日蚀修德，月蚀修刑’。乃癸巳夜，月蚀尽。公卿已下，宜慎刑罚以答天意。”（《魏书·高祖纪下》）

开成三年（838年）十一月乙卯朔，有彗星东西方向横贯天空，事后唐文宗下诏说：“上天盖高，感应必由乎人事；寰宇虽广，理乱尽系于君心。从古已来，必然之义。朕嗣膺宝位，十有三年，常克己以恭虔，每推诚于众庶。将以导迎休应，渐致辑熙，期克荷于宗祧，思保宁于华夏。而德有所未至，信有所未孚。灾气上腾，天文谪见，再周期月，重扰星躔。当求衣之时，睹垂象之变，兢惧惕厉，若蹈泉谷。是用举成汤之六事，念宋景之一言，详求谴告之端，采听销禳之术。必有精理，蕴于众情，冀屈法以安人，爰恤刑而原下。应京城诸道见系囚，自十二月八日已前，死罪降流，已下递减一等，十恶大逆、杀人劫盗、官典犯赃不在此限。今年遭水蝗虫处，并宜存抚赈给。”（《旧唐书·文宗本纪下》）

弘治七年（1494年）春二月甲子，明孝宗“以去年冬孝陵风雷之变，遣使祭告，修省，求直言，命内外慎刑狱，决轻系”（《明史·孝宗本纪》）。

顺治十四年（1657年）夏四月丁亥，“以久旱，恤刑狱”（《清史稿·世祖本纪二》）。

在天人感应、灾异谴告学说的理论图景里，慎刑才能保有天命，而灾异则是对司法冤滥的天谴，如果出现所谓灾异，皇帝们就必须纠正错误，再次回到慎刑的路子上来，灾异成了对皇帝们慎刑的定期和不定期的提醒，慎刑成了专制时代中国最基本的法制政策和原则。

一方面，它对法律制度的革新产生了重要影响。这首先表现在刑罚制度的进步上，在汉文帝废除肉刑700多年后问世的隋《开皇律》正式在法律文本上彻底废除了野蛮的墨、劓、腓、宫、大辟五刑，而代之以新的笞、杖、徒、流、死五刑。《开皇律》制定后，隋文帝颁布诏书说："帝王作法，沿革不同，取适于时，故有损益。夫绞以致毙，斩则殊刑，除恶之体，于斯已极。枭首、轘身，义无所取，不益惩肃之理，徒表安忍之怀。鞭之为用，残剥肤体，彻骨侵肌，酷均脔切。虽云远古之式，事乖仁者之刑，枭轘及鞭，并令去也。"（《隋书·刑法志》）"仁者之刑"成了刑罚革新的口号。此后又以律尚严密故人多陷罪，敕苏威、牛弘等更定新律，"除死罪八十一条，流罪一百五十四条，徒杖等千余条，定留唯五百条"（《隋书·刑法志》）。基本实现了刑网简要疏而不失的局面。唐高祖武德元年（618年）十一月诏，颁布五十三条条格"以约法缓刑"（《旧唐书·高祖本纪》），而"一准乎礼"的《唐律》的问世，使中国古代法典的编撰达到了空前的高度，儒家慎刑的思想也得到了较为充分的贯彻和体现。其次，它推动了一系列严防冤滥的司法制度的诞生。御史监察制度，死刑核准、复核、复奏制度，[1]九卿议刑制

---

① 《魏书·刑罚志》载，北魏太武帝拓跋焘"以死不可复生，惧监官不能平，狱成皆呈，帝亲临问，无异辞怨言乃绝之。诸州国之大辟，皆先谳报乃施行"。

度，[①]三司会审制度，[②]以及明清的朝审、秋审、热审、寒审的创设，也基本上是出于慎刑的考量。元代法律中对恤刑有许多具体的规定，为此，《元史·刑法志四》专列了“恤刑”一门。明清时代，为了恤刑还专门设置了恤刑官。

另一方面，它对司法产生了重大的影响。命令官员们慎刑常是历代皇帝们诏书中的重要内容，这对现实司法的运作产生了实实在在的影响。例如，大中祥符四年（1011年）二月，宋真宗“令法官慎刑名，有情轻法重者以闻”（《宋史·真宗本纪三》）。天德二年（1150年）正月，金朝海陵王下诏要求京城内外要“励官守、务农时、慎刑罚、扬侧陋、恤穷民、节财用、审才实”（《金史·海陵本纪》）。明宣宗继位当年秋七月乙未，“谕法司慎刑狱”（《明史·宣宗本纪》）。成化十七年（1481年）夏四月戊辰，明宪宗“谕法司慎刑狱”（《明史·宪宗本纪二》）。万历元年（1573年）五月甲申，明神宗朱翊钧“诏内外官慎刑狱”（《明史·神宗本纪一》）。万历三十二年（1604年）六月丙戌，明神宗“以陵灾，命补阙官恤刑狱”（《明史·神宗本纪二》）。康熙二十年（1681年）春正月辛巳，玄烨“诏法司慎刑”（《清史稿·圣祖本纪一》）。就连杨广那样的暴君也在诏书中讲“恤狱缓刑，生灵皆遂其性”（《北史·隋本纪》）。除了诏书，个别皇帝还专门著文研究慎刑恤狱问题。例如，明宣宗著

---

①贞观元年，唐太宗就“以古者断狱，必讯于三槐九棘之官，乃诏大辟罪，中书、门下五品已上及尚书等议之”（《旧唐书·刑法志》）。

②《明史·职官志》云：“大理寺之设，为慎刑也。”

有《帝训》五十五篇，其一即为“恤刑”(《明史·刑法志二》)。

除了皇帝们为了保有自己的天命，熟读儒家典籍后产生慎刑的自觉意识外，饱读儒家经典的大臣们也每每向皇帝进言要求慎刑狱，特别是出现所谓灾异时，儒家慎刑文献为人们批判现实司法以及改革建言提供了思想资源，而且儒臣们在地方为官时也常较重视审慎地运用刑罚。例如，汉宣帝刚刚登基，路温舒就向其上书提出“尚德缓刑”的治国方策，希望宣帝能“省法制，宽刑罚，以废治狱”(《汉书·路温舒传》)。学过《春秋》的于定国做廷尉时也是慎刑的楷模，史载：“其决疑平法，务在哀鳏寡，罪疑从轻，加审慎之心。”(《汉书·于定国传》）同样钟离意也曾上书汉明帝，希望其“垂圣德，揆万机，诏有司，慎人命，缓刑罚，顺时气，以调阴阳，垂之无极”(《后汉书·钟离意传》)。而精通《五经》，用《鲁诗》和《尚书》教导学生的大儒鲁丕，为地方官时“务在表贤明，慎刑罚”(《后汉书·鲁丕传》)。魏国的王朗精通经学，司法“务在宽恕，罪疑从轻”(《三国志·魏书·王朗传》)。开运二年（945年）五月壬戌，殿中丞桑简能向后晋皇帝石重贵上封事说：“帝王牧黎元，行宽大之令。是知恤刑缓狱，乃为政之先；布德行惠，实爱民之本。”(《旧五代史·刑法志》）武则天重用酷吏，滥施刑罚，陈子昂向武则天进言指陈：“观三代夏、殷兴亡，已下至秦、汉、魏、晋理乱，莫不皆以毒刑而致败坏也。”(《旧唐书·刑法志》）希望其“明讼恤狱以息淫刑”。唐朝时曾任中书侍郎、同中书门下平章事的赵憬常常把“为政之本，在于选贤能，务节俭，薄赋敛，宽刑罚”（《旧唐书·赵憬传》）挂在嘴边。明代劝诫皇帝慎刑狱并见之史册的就有王叔英、王一夔、林聪、倪岳等人。

宽猛相济

慎刑的对立面是滥刑，而要做到刑罚不滥，就无法回避刑罚得当的问题，做到该严则严，该宽则宽。这就涉及到了中国古代刑事司法中的另一对范畴：宽与猛。“宽”，指主要采用礼教德政、怀柔的方法进行治理，刑罚不滥；[①] “猛”，指主要采用暴力镇压、刑罚惩罚的方法进行治理。宽猛相济，即宽大和严厉互相补充、补足，怀柔和暴力两手并用。

宽和猛的思想在中国很早就产生了，《尚书·洪范》就有“刚克”和“柔克”的提法。其云：“三德：一曰正直，二曰刚克，三曰柔克。”刚和柔与宽和猛在思想上是相通的，当然《洪范》这些文字未必就比《左传》更为古远。[②] 对于刑罚适用的宽严问题，《尚

①大定二十三年（1183年）闰十一月甲午，金世宗对宰相说：“帝王之政，固以宽慈为德，然如梁武帝专务宽慈，以至纲纪大坏。朕尝思之，赏罚不滥，即是宽政也，余复何为?”（《金史·世宗本纪下》）宽并非完全摒弃刑罚，只是不滥用刑罚而已。

②对于《洪范》的成书时代学者们仍然存在分歧。刘节考定为战国末年作品，刘起釪则考定《洪范》原本成于商代，但从西周到春秋战国，不断有人给它增加若干新内容。参见刘起釪:《〈洪范〉成书时代考》,《中国社会科学》1980年第3期。

书·吕刑》有“刑罚世轻世重，惟齐非齐，有伦有要”的论述，《尚书·大禹谟》有“皋陶曰：‘帝德罔愆，临下以简，御众以宽’”的记载。前文已提及《尚书·立政》提出了“中罚”的概念。《周礼·秋官司寇》中有“刑新国用轻典”“刑平国用中典”“刑乱国用重典”的说法，可以说是对“刑罚世轻世重”的具体诠释。

但将宽与猛结合起来，明确提出宽猛相济观点的则是孔子。《春秋左传·昭公二十年》载：

> 郑子产有疾，谓子大叔曰：“我死，子必为政。唯有德者能以宽服民，其次莫如猛。夫火烈，民望而畏之，故鲜死焉。水懦弱，民狎而玩之，则多死焉。故宽难。”疾数月而卒。大叔为政，不忍猛而宽。郑国多盗，取人于萑苻之泽。大叔悔之，曰：“吾早从夫子，不及此。”兴徒兵以攻萑苻之盗，尽杀之。盗少止。①

子产认为治国政策有宽和与严厉两种，但只有有德行的人才能凭借宽和的政策使人民服从。同时，施行宽和的政策人们易于犯法，故行宽政难度较大，不如求其次采用严厉的政策。子大叔不听子产的忠告，酿成祸患，最终放弃宽政，纠之以猛，盗方平息。孔子听闻后说：

> 善哉！政宽则民慢，慢则纠之以猛。猛则民残，残则施之以宽。宽以济猛，猛以济宽，政是以和。

---

①类似的记载还见于《韩非子·内储说上七术》。

在孔子看来，宽与猛各有利弊，“宽则得众”（《论语·尧曰》），但一味宽大，人民就会怠慢，故需要纠之以猛。同样，一味严厉，则会残害人民，故过猛则需纠之以宽。要实现政事和谐，不能采取非此即彼的政策，而应审时度势地灵活运用宽猛两种手段，使宽猛互相调剂，即宽猛相济。宽猛相济与儒家的中庸思想是完全契合的，是其“执两用中”的具体思想事例之一。

当然孔子宽猛相济的思想并没有立即完全得到统治者们的认同，秦国采取法家的耕战之策而取得天下，法家学说是秦朝的官方统治学说，而法家主张以法治国，提倡重刑主义。《商君书》一再强调要轻罪重罚：“行刑，重其重者，轻其轻者，轻者不止，则重者无从止矣，此谓治之于其乱也。故重轻，则刑去事成，国强；重重而轻轻，则刑至而事生，国削。”（《说民》）“行罚，重其轻者，轻者不至，重者不来，此谓以刑去刑，刑去事成。”（《靳令》）在司法政策的选择上是偏向于猛而不是宽，也谈不上宽猛相济。秦朝采用法家这套重刑主义、猛的政策，为其赢得了“暴秦”的称号。

汉代改弦更张，初以黄老之学为官方统治学说，后汉武帝接受董仲舒的建议宗奉儒术，儒家学说成为新的统治学说，而伴随儒学升格为经学，孔子本人作为先师和圣人的地位逐渐确立，孔子的这一论断也被作为治国的至理名言为历代统治者所信奉，宽猛相济成了不刊之论。例如，《汉书·隽不疑传》云：“凡为吏，太刚则折，太柔则废，威行施之以恩，然后树功扬名，永终天禄。”《魏书·刑罚志》云：“且法严而奸易息，政宽而民多犯，水火之喻，先典明文。”《北史·循吏列传》云：“为政之道，宽猛相济，犹寒暑迭代，俱成岁功者也。”《旧唐书·郝处俊传》云：“夫政宽则人慢，政急则人无所措手足。圣王之道，宽猛相济。”宽猛相济的思想对后世产生了重大影响，间或成了基本的司法政策和原则。对于司法官员们来说，他们永远面临着宽与猛的选择，诚如史家所言：“士之立名，其途不一，或以循良进，或以严酷显。”（《魏书·酷吏列传》）循良成就循吏，严酷成就酷吏，而宽猛相济则能得二者之利，向来非一般人所能拿捏得准，而且官员们执政的宽与猛很大程度上受皇帝的影响和制约。唐太宗李世民曾问刘德威近来刑法逐渐严密弊病在什么地方，刘德威回答说：“在君不在臣。下之宽猛，视主之好。律：失入者减三，失出者减五。今坐入者无辜，坐出者有罪，所以吏务深文，为自营计，非有教使然也。”（《新唐书·刘德威传》）刘德威认为官员们严而不宽，根源在于皇帝，李世民认同他的说法。

在孔子宽猛相济的基础上，后人创造了几种新的提法：一是宽猛随时。《贞观政要·论奢纵》云：“且自古明王圣主虽因人设教，宽猛随时，而大要以节俭于身、恩加于人二者是务。”执法的宽与猛要随着时局而变化。1735年，雍正去世，其在遗诏中教导后任者说：“然宽严之用，又必因乎其时。”（《清史稿·刑法志一》）二是宽猛折中。唐高宗曾对唐临讲：“然为国之要，在于刑法，法急则人残，法宽则失罪，务令折中，称朕意焉。”（《旧唐书·唐临传》）南宋谢深甫在做临安知府时业绩突出，被提拔为工部侍郎，入朝谢恩，宋光宗赵惇对他说："京尹宽则废法，猛则厉民，独卿为政得宽猛之中。"（《宋史·谢深甫传》）宽猛适中为上。三是宽猛循环。范纯礼在徽宗时以龙图阁直学士出任开封府知府，前任执法较为深刻，范纯礼就说："宽猛相济，圣人之训。今处深文之后，若益以猛，是以火济火也。方务去前之苛，犹虑未尽，岂有宽为患也。"（《宋史·范纯礼传》）于是他执政时采取宽缓的政策。刘基曾对其次子刘璟讲："夫为政，宽猛如循环。"（《明史·刘基传》）

明·臧晋叔《元曲选》插图——包龙图智赚合同文字(明万历刊本)

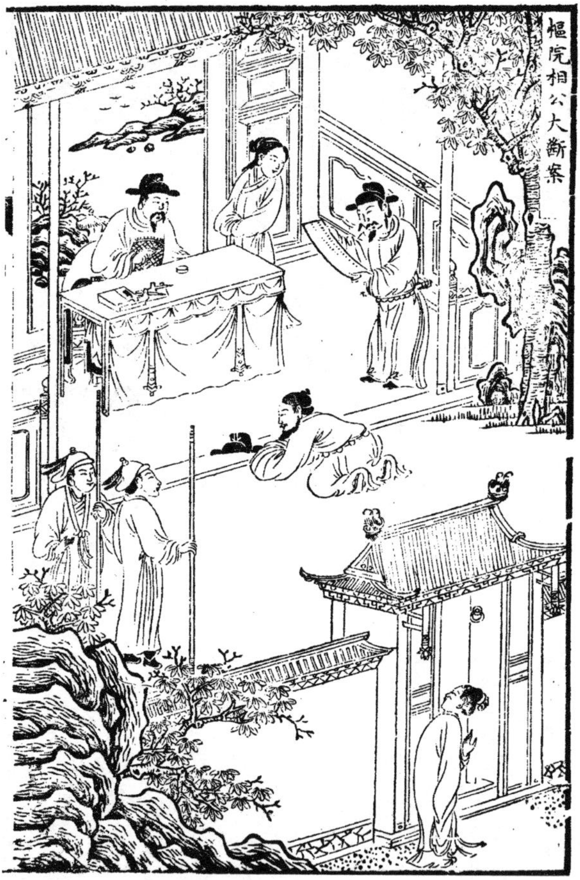

明·臧晋叔《元曲选》插图——枢院相公大断案(明万历刊本)

第四章　主体结构

司法主体结构是指司法的各参与者（各级裁判者、当事人和其他诉讼参与人）的法律地位和相互关系，它受制于特定社会的社会结构和政治（权力）结构，或者说它本身就是社会结构和政治（权力）结构在司法领域中的投影。

对中国古代司法主体结构产生重大影响的因素有两个方面：首先，中国古代是一个等级森严的社会，人们在政治权力、社会地位上均存在鲜明的等差，这直接导致了司法参与者间地位的极其不平等，不但上下级裁判者之间是不平等的，是支配与被支配的关系，而且当事人和其他诉讼参与人之间也是不平等的，甚至由于人们身份和民族的不同而适用不同的法律，其案件也归不同的司法机关来管辖，适用不同的程序。其次，中国古代立法、行政、司法、军事等结构和功能的分化程度和水平是相当低的，皇帝处于权力结构的最顶端，集各项大权于一身，掌握着司法的最终决定权，而辅佐皇帝治理天下的官员（特别是地方官员）基本上也身兼多种职责，司法只是其基本工作内容之一，即通常所说的司法与行政不分，司法是不具有独立性的。而官员本身不可能独自一人处理诉讼案件，办案时离不开胥吏的帮助和协助，故除了皇帝和官员之外，胥吏在中国古代司法中也扮演着重要角色。同时，在国家治理资源普遍不足的情况下，专制中国还普遍奉行简约治理的策略，国家征用民间的社会权威组织（例如宗族、会社）和人士（乡绅）等来协助地方的治理，让其主持解决部分民间纠纷，使其事实上承担了部分司法职能。

君　主

在“溥天之下，莫非王土；率土之滨，莫非王臣”（《诗经·小雅·北山》）的中国古代社会，君主们拥有天下的财富、臣民和绝对的权力。君主“行一事，则为天下所观；出一言，则为天下所听”（《贞观政要·论择官》），臣民们对其敬若神明。但在此背景下，中国古代的君主们却并非只是成天满足于锦衣玉食的生活，梦想着长生不老，而是十分关心和留意司法的，常常花大量心思和精力在此方面，原因有如下几点。

首先，司法是国家的重要职能，司法权是国家权力的重要组成部分，法家一再告诫中国的君主们，不掌握司法的终审权，君权就不保。《管子·任法》篇是如此界定君权的：“故明王之所操者六：生之、杀之、富之、贫之、贵之、贱之。此六柄者，主之所操也。”君主掌握着所有臣民的命运，臣民的生、死、贫、富、贵、贱系于君主一人的意志，而其所谓“生之、杀之、富之、贫之、贵之、贱之”正是司法之结果，君主们常常是通过司法的形式而使臣民们“生之、杀之、富之、贫之、贵之、贱之”的。对此，《管子·任法》篇进一步指出：“主之所处者四：一曰文，二曰武，三曰威，四曰德。此四位者，主之所处也。借人以其所操，命曰夺柄；借人以其所处，命曰失位。”文治、武事、刑威和施德必须由君主自己占据住，否则就会导致“失权”和“失位”的结果，自身地位岌岌可危。

其次，中国先贤（特别是法家）认为赏罚是治国的两种基本手段，而赏罚大权只能由君主来行使，否则君位将不保，而司法正是落实赏罚的重要途径，也是使赏罚合法化，给赏罚披上合法性外衣的重要制度装置，故君主们对其常常十分重视。《韩非子·外储说右下》云：“赏罚共则禁令不行。”法家认为赏罚大权只能君主独享，如果君主和大臣共同掌握赏罚大权，法令就不能推行。为了说明这一点，《韩非子》的作者分别用司城子罕杀死宋君夺取政权①和田

①《韩非子·外储说右下》载：“司城子罕谓宋君曰：‘庆赏赐与，民之所喜也，君自行之；杀戮诛罚，民之所恶也，臣请当之。’宋君曰：‘诺。’于是出威令，诛大臣，君曰‘问子罕’也。于是大臣畏之，细民归之。处期年，子罕杀宋君而夺政。”司城子罕窃取了原本属于宋君的惩罚权，最终夺取了宋君的君权。

恒取代齐简公[1]的事例说明，赏与罚的最终决定权均应由君主自己掌握，威德不能分于臣下，否则就有身死国亡的危险。当然除了这两个著名事例外，《韩非子》的作者还谈到“武灵王不以身躬亲杀生之柄，故劫于李兑”（《外储说右下》）的故事，一再申明赏罚这两个权柄是不能假借于人的。

再次，司法与君主的统治合法性密切相关。司法能公正高效地回应民众的诉求就能为统治者加分，使其赢得民众的支持，统治地位更加稳固，古今中外皆然，不过，中国古代的思想较为独特之处在于汉儒董仲舒在天人感应的基础上提出了一套系统的灾异谴告学说。君主违背天意，不行仁义，天就会出现灾异进行谴责和警告；如果政通人和，天就会降下祥瑞以鼓励。当汉武帝问及“灾异之变，何缘而起”时，董仲舒策对说：“刑罚不中，则生邪气；邪气积于下，怨恶畜于上。上下不和，则阴阳缪盭而妖孽生矣。此灾异所缘而起也。”（《汉书·董仲舒传》）在董仲舒看来，刑罚适用不得当是产生灾异的直接缘由，故君主应十分重视司法，重视刑罚的适用。汉武帝接受了董仲舒“罢黜百家，独尊儒术”的建议，使儒学变成了官方的统治学说，而董仲舒本人发明的天人感应的灾异谴告学说也在其身后两千多年的专制中国里大

---

①《韩非子·外储说右下》载：“简公在上位，罚重而诛严，厚赋敛而杀戮民。田成恒设慈爱，明宽厚。简公以齐民为渴马，不以恩加民，而田成恒以仁厚为圃池也。”简公专务惩罚，而田常私行赏赐，笼络人心，最终取代了齐简公。

行其道，对中国古代的政治和司法话语以及实践产生了深远的影响。[①] 例如，即使像隋炀帝杨广那样不得善终的暴君，在他早年的诏书中我们仍然可见到受灾异谴告学说影响下催生出的勤政爱民的文字："每虑幽仄莫举，冤屈不申，一物失所，用伤和气。万方有罪，责在朕躬，所以兴寤增叹，而夕惕载怀者也。"（《北史·隋本纪》）

最后，君主作为民之父母，有为民做主的责任，应力求天下无冤。将君主与臣民的统治关系比拟为父母和子女的关系是中国古代政治精英们的一大发明，为其政治统治披上了一层温情脉脉的面纱。《尚书·洪范》云："天子作民父母，以为天下王。"君主不仅是天的儿子，而且也是天下百姓的父母。《诗经》云："乐只君子，民之父母。"（《小雅·南山有台》）称得道君子是民的父母。君主作为民的父母就应爱民如子，对民众有养之、富之、教之之责，不如此就不配为君，例如孟子就指责那些不行仁政的暴君没有民众父母的样子，其云："兽相食且人恶之，为民父母，行政不免于率兽而食人，恶在其为民父母也？"（《孟子·梁惠王上》）"为民父母，使民盻盻然，将终岁勤动，不得以养其父母，又称贷而益之，使老稚转乎沟壑，恶在其为民父母也？"（《孟子·滕文公上》）为了美化自身的统治，中国专制时代的君主们常常也自视为民之父

①参见何永军：《中国古代法制的思想世界》，中华书局2020年版，第一章第一节"天人感应"。

母，宣称自己是在“子育群生”，例如，永光二年（前42年），汉元帝刘奭就在诏书中说：“朕为民父母，德不能覆，而有其刑，甚自伤焉。”（《汉书·元帝纪》）贞观二年（628年），唐太宗拟将郑仁基的女儿留在后宫为嫔妃，魏征听说该女子早已许配给了陆家，就急忙进谏劝阻云：“陛下为人父母，抚爱百姓，当忧其所忧，乐其所乐。自古有道之主，以百姓之心为心，故君处台榭，则欲民有栋宇之安；食膏粱，则欲民无饥寒之患；顾嫔御，则欲民有室家之欢。此人主之常道也。今郑氏之女，久已许人，陛下取之不疑，无所顾问，播之四海，岂为民父母之道乎？臣传闻虽或未的，然恐亏损圣德，情不敢隐。君举必书，所愿特留神虑。”（《贞观政要·纳谏》）魏征以皇帝乃民之父母说事，不能干亏损圣德的事情，唐太宗听了魏征的话，就收回了成命。间或唐太宗也自以百姓的父母相期许，例如贞观十六年（642年）他就对身边的大臣说：“朕为亿兆人父母，唯欲躬务俭约，必不辄为奢侈。”（《贞观政要·务农》）开平四年（910年）十二月己巳，后梁太祖朱温也在诏中说：“滑、宋、辉、亳等州，水涝败伤，人户愁叹，朕为民父母，良用痛心。”（《旧五代史·梁书·太祖纪》）而君主作为民之父母，也理当为民作主，使其免遭不白之冤，创造天下无冤民的局面。对此，文武均佳的暴君隋炀帝杨广曾在诏书中说：

听采舆颂，谋及黎庶，故能审政刑之得失。是知昧旦思治，欲使幽枉必达，彝伦有章。而牧宰任称朝委，苟为侥幸，以求考课，虚立殿最，不存理实。纲纪于是

> 不理，冤屈所以莫申。关河重阻，无由自达。朕故建立东京，躬亲存问。今将巡历淮海，观省风俗。眷求谠言，徒繁词翰，而乡校之内，阙尔无闻；恇然夕惕，用劳兴寝。其民下有知州县官人政理苛刻，侵害百姓，背公徇私，不便于民者，听诣朝堂封奏。庶乎四聪以达，天下无冤。(《北史·隋本纪》)

隋炀帝下诏准许民众直接到朝廷封书奏事，使下情上达，以监督地方官员，杜绝其胡作非为，其将“天下无冤”作为奋斗的目标。对“天下无冤”心心念念的还有宋太祖，他曾经对侍御史知杂事冯炳说：“朕每读《汉书》，见张释之、于定国治狱，天下无冤民，[①]此所望于卿也。”(《宋史·刑法志一》)为了勉励冯炳，加授其金印紫绶。

既然存在诸多的理由使专制时代的中国君主们关心司法，那么手握极权的中国古代君主们都为司法做了些什么呢？在制度设计上都有什么建树呢？批阅相关文献，我们可以获知：

一、皇帝是最高审判机关，其判决就是最高等级的判决

审级和复审的观念与制度设置在中国出现得较早，《周礼》的作者已设计出了等级和职能各异的诸多司法职官，有条件地允许

①《汉书·于定国传》记载：“张释之为廷尉，天下无冤民；于定国为廷尉，民自以不冤。”

民众上诉冤屈："以肺石达穷民。凡远近茕独老幼之欲有复于上，而其长弗达者，立于肺石三日，士听其辞，以告于上，而罪其长。"（《周礼·秋官司寇》）贫民只要在肺石上站三天，他们的冤屈就可由朝士报告给朝廷，使阻挠其上诉的官员受到惩罚。秦王朝存在上诉制度，称之为乞鞫，刘邦在秦末就曾亲自经历了一场上诉的官司，史载：

> 汝阴侯夏侯婴，沛人也。为沛厩司御。每送使客还，过沛泗上亭，与高祖语，未尝不移日也。婴已而试补县吏，与高祖相爱。高祖戏而伤婴，人有告高祖。高祖时为亭长，重坐伤人，告故不伤婴，婴证之。后狱覆，婴坐高祖系岁余，掠笞数百，终以是脱高祖。（《史记·樊郦滕灌列传》）

刘邦与夏侯婴相好，有一次在开玩笑的过程中将其误伤，有人告发了刘邦，因为刘邦是亭长而应罪加一等。对此，刘邦申诉说他并没有伤害夏侯婴，夏侯婴也为他作证，后来翻案覆审，刘邦得到开脱，但夏侯婴却受此牵连被关押了一年多，挨了好几百板子。

在秦王朝不但存在上诉覆审制度，一个案件可获得多次审理，而且一些重大案件甚至可上诉到皇帝那里，由皇帝作出最终的裁决，在此意义上，皇帝本人就成了最高大法官。而开创此历史传统的正是秦王朝的开创者、中国历史上的第一个皇帝——秦始皇嬴政。虽然日理万机，但嬴政仍然坚持亲自决定和处理一些重大案件，史载其"躬操文墨，昼断狱，夜理书"（《汉书·刑法志》），始皇亲自批阅卷宗，白天断案，晚上处理文书，十分勤勉。

刘邦夺得天下后，沿袭了秦朝的君主专制制度，并建立了与行政级别相对应的司法审级制度，公元前196年，刘邦对御史下达了如下诏令：

> 自今以来，县道官狱疑者，各谳所属二千石官，二千石官以其罪名当报之。所不能决者，皆移廷尉，廷尉亦当报之。廷尉所不能决，谨具为奏，傅所当比律、令以闻。(《汉书·刑法志》)

刘邦这个诏令非常清楚地指明：汉初即形成了一套由县道－二千石（郡守）－廷尉－皇帝构成的四级审判制度，皇帝是最高的审判机构，是终审大法官。这种司法审级与行政层级同构的做法，历代虽然有所损益，但基本上沿袭了下来。例如，隋文帝曾下诏告诫四方称："有枉屈县不理者，令以次经郡及州，至省仍不理，乃诣阙申诉。有所未惬，听挝登闻鼓，有司录状奏之。"(《隋书·刑法志》）冤民可依据行政机关的设置层层上告，直至通过击登闻鼓把状告到皇帝那里。清朝法律规定："凡审级，直省以州县正印官为初审。不服，控府、控道、控司、控院。"(《清史稿·刑法志三》）如果院仍然不能决，最终就由皇帝定夺，皇帝掌握着案件的终审权。

不过需要指出的是，虽然中国古代存在审级制度，但是中国古人却缺乏终审概念，只要当事人不服就可不断地告，案件要一直到没有人再告了才算真正终结。对此，中国古代的统治者是完全支持的。例如，中元五年（前145年），汉景帝下诏说：“诸狱疑，虽文致于法而于人心不厌者，辄谳之。”（《汉书·刑法志》）凡是疑难案件，虽然已被狱吏舞文弄墨，判定有罪，但只要人心有所不服，就应该立即进行评议复核。即使经皇帝处理过的案件，当事人申诉也可重新开启再审。尽管出于对皇帝的敬畏，这样的事情在历史上较少发生，但也并非没有。而后继之君翻先皇帝的案的情形尤为常见，张居正案就是突出的一例，他死后明神宗下令抄其家，削尽其官秩，剥夺生前所赐玺书和四代诰命，但天启二年（1622年）明熹宗为其翻案，使其名誉得以恢复。

二、皇帝在司法上的具体作为

专制时代的中国皇帝们在其臣子的辅佐下，在司法审判上作了许多具体的工作，他们是名副其实的最高首席大法官，始终牢牢地掌控着司法审判权，而绝非有名无实的摆设。具体来讲，皇帝们的作为包括如下几个方面：

（一）亲自审理案件和执行刑罚

除了始皇帝外，后世亲自办案的皇帝还不乏其人，汉宣帝即是一位，他十分重视司法的公平性，史载其“常幸宣室，斋居而决事，狱刑号为平矣”（《汉书·刑法志》），宣帝常幸临宣室，斋戒而居，庄重地处理案件，其断案判刑，号称公正持平。东汉光武帝也是一位，史载“光武中兴，留心庶狱，常临朝听讼，躬决疑事”（《晋书·刑法志》）。东汉明帝也喜欢表现其明察善断的司法才华，史家称："明帝即位，常临听讼观录洛阳诸狱。帝性既明察，能得下奸，故尚书奏决罚近于苛碎。"(《晋书·刑法志》) 有此爱好的还有南北朝时期的陈文帝，史载："文帝性明察，留心刑政，亲览狱讼，督责群下，政号严明。是时承宽政之后，功臣贵戚有非法，帝咸以法绳之，颇号峻刻。"(《隋书·刑法志》) 宋太宗也喜欢亲自审案，史载："太宗在御，常躬听断，在京狱有疑者，多临决之，每能烛见隐微。"(《宋史·刑法志一》)

当然，皇帝亲自审理裁决案件并非都是为了行仁政，维护公平正义，而更多的是为了展示其乾纲独断的威权，不乏"犴逐情迁，科随意往"(《晋书·刑法志》) 的情形，其断案依个人情绪变化，科刑随主观意志转移是常态。曹叡就是最明显的例子。史载："魏明帝时，宫室盛兴，而期会迫急，有稽限者，帝亲召问，言犹在口，身首已分。"(《晋书·刑法志》) 还没有等答话结束，涉事人员已身首分离了，其对涉事人员的处置急如闪电。又如北齐文宣帝高洋，以在司法上的荒诞和残暴而遗臭万年，史载：

> 自六年之后，帝遂以功业自矜，恣行酷暴，昏狂酗酱，任情喜怒。为大镬、长锯、剉碓之属，并陈于庭，意有不快，则手自屠裂，或命左右脔啖，以逞其意。时仆射杨遵彦，乃令宪司先定死罪囚，置于仗卫之中，帝欲杀人，则执以应命，谓之供御囚。经三月不杀者，则免其死。帝尝幸金凤台，受佛戒，多召死囚，编蘧篨为翅，命之飞下，谓之放生。坠皆致死，帝视以为观笑。

（《隋书·刑法志》）

高洋将杀人当作游戏，在庭中陈列刑具，不惜亲手杀人，并命令左右侍从将人碎割取食，杀人已成为其特有的嗜好，以致要随时备死囚以满足其杀人的需要。[①]接受佛教戒律，也没有改变其荒唐行径，反而使其干出更多匪夷所思的事情。他为了取乐，招来很多死囚，编粗竹席作为翅膀，命令他们飞下，称之为放生，最后囚徒们均被摔死。

而隋朝的开国君主文帝不但在朝廷殿堂办案，而且将其作为执行刑罚的地方，史载：

> 每于殿廷打人，一日之中，或至数四。尝怒问事，挥楚不甚，即命斩之。十年，尚书左仆射高颎、治书侍御史柳彧等谏，以为朝堂非杀人之所，殿庭非决罚之地。帝不纳。颎等乃尽诣朝堂请罪，曰："陛下子育群生，务在去弊，而百姓无知，犯者不息，致陛下决罚过严。皆臣等不能有所裨益，请自退屏，以避贤路。"帝于是顾谓领左右都督田元曰："吾杖重乎？"元曰："重。"帝问其状，元举手曰："陛下杖大如指，棰楚人三十者，比常杖数百，故多致死。"帝不怿，乃令殿内去杖，欲有决罚，各付所由。后楚州行参军李君才上言帝宠高颎过甚，上大

---

① 《陈书·王瑜传》也有"齐文宣帝每行，载死囚以从，齐人呼曰'供御囚'，每有他怒，则召杀之，以快其意"的记载。

怒，命杖之，而殿内无杖，遂以马鞭笞杀之。自是殿内复置杖。未几怒甚，又于殿庭杀人，兵部侍郎冯基固谏，帝不从，竟于殿庭行决。(《隋书·刑法志》)

我们看到的是一个基本上不受任何约束、恣意妄为、作威作福的君主形象，作为法官的皇帝并不见得比普通官吏办案更加公正和仁慈，因为他们不但拥有最高的司法权，而且拥有最高的立法权，他们口含天宪，可随心所欲地修改法律，他们司法不存在任何底线，所以危害和破坏性极大。贞观五年（631年），唐太宗对房玄龄等讲："自古帝王多任情喜怒，喜则滥赏无功，怒则滥杀无罪。"（《贞观政要·求谏》）这一评论符合历史事实，就是李世民本人也存在这样的问题。贞观十一年（637年），特进魏征上疏批评说：

夫刑赏之本，在乎劝善而惩恶，帝王之所以与天下为画一，不以贵贱亲疏而轻重者也。今之刑赏，未必尽然。或屈伸在乎好恶，或轻重由乎喜怒。遇喜则矜其情于法中，逢怒则求其罪于事外。所好则钻皮出其毛羽，所恶则洗垢求其瘢痕。(《贞观政要·论刑法》)

一代明君唐太宗的司法都如此，其他人就可想而知了。面对君主们恣意刑杀，史家常也忍不住诘问："然刑法之制，岂人主快情纵意之具邪?"(《辽史·刑法志上》)

（二）通过录囚、虑囚平反冤抑和赦宥罪犯

平反冤抑和赦宥罪犯，不但是君主绝对权力的展示，而且可强化皇权，都是君主行仁政的具体方法，能使民众对皇帝们顶礼膜拜、感恩戴德，从而增强其统治的合法性，故自汉以降君主们是乐此不疲。

在西汉已出现了意在平反冤抑的录囚制度，但那还只是郡守、刺史的常规职责，例如汉昭帝时，隽不疑为京兆尹：

> 每行县录囚徒还，其母辄问不疑："有所平反，活几何人？"即不疑多有所平反，母喜笑，为饮食语言异于他时；或亡所出，母怒，为之不食。（《汉书·隽不疑传》）

作为京兆尹，隽不疑有录囚之责，他母亲也许受积阴德思想[①]的影响而希望隽不疑能多平反一些冤假错案，录囚的主要目的和使命就是平反冤抑。同时根据史家的记载，东汉时"诸州常以八月巡行所部郡国，录囚徒，考殿最"（《后汉书·百官志五》），故在东汉时郡守、刺史也有录囚之责。

不过在东汉时出现了一个变化，那就是皇帝们也偶尔录囚。史载东汉的开国皇帝光武帝本人就曾因有人投诉洛阳令虞延办案不公，"乃临御道之馆，亲录囚徒"（《后汉书·虞延传》）。而更为突出的是，在东汉，皇帝们经常因为所谓的灾异而录囚。例如，永元六年（94年）秋七月丁巳，因为京城大旱，汉和帝"幸洛阳寺，录囚徒，举冤狱"（《后汉书·孝和帝纪》）。不但皇帝录囚，甚至临朝称制的和熹邓皇后那样的女流之辈也录囚，史载永初三

---

①参见何永军：《中国古代法制的思想世界》，中华书局2020年版，第182—193页。

年（109年），“太后谅暗既终，久旱，太后比三日幸洛阳，录囚徒，理出死罪三十六人，耐罪八十人，其余减罪死右趾已下至司寇”（《后汉书·和熹邓皇后纪》）。因为大旱，和熹邓皇后连续三天到洛阳，审理囚徒，对许多人作了宽大的处理。有时，皇帝如果不能亲自录囚的话，也会派人前去代为。例如，永建二年（127年）三月，因为发生旱灾，东汉顺帝刘保即“遣使者录囚徒”（《后汉书·孝顺帝纪》）。从相关记载可知，皇帝（或临朝称制的太后）录囚与意在平反冤抑的地方官员的录囚存在重要的不同，那就是宽大和赦免罪犯成了录囚的重要内容，平冤反倒变得次要了，皇帝（或临朝称制的太后）每次录囚，相关罪犯们总能得到赦免或降罪处罚的待遇。

而且东汉以降，越来越多的君主对天人感应、灾异谴告的学说深信不疑，录囚这种能收买和笼络人心、增强其统治合法性的措施日益受到君主们的重视，越来越多的君主一遇到所谓灾异就录囚，而且皇帝录囚的目的和使命重在悯恤囚徒，能否平反冤抑已不重要，关键是要使人感觉到皇帝的权势是如何了得，皇帝是多么仁慈，皇恩是如何浩荡。皇帝录囚带给罪犯以宽大甚至赦免已日渐成为传统。例如，太和四年（480年）闰七月丁亥，魏孝文帝元宏“幸兽圈，亲录囚徒，轻者皆免之”（《北史·魏本纪第三》）。又如，永平二年（509年），北魏宣武帝元恪“以旱故，减膳彻悬，禁断屠杀。甲辰，幸华林都亭录囚徒，死罪以下，降一等”（《北史·魏本纪第四》）。乾明元年（560年）二月甲辰，北齐废帝高殷“幸芳林园，亲录囚徒，死罪以下降免各有差”（《北齐书·废帝纪》）。隋文帝“每季亲录囚徒”（《隋书·刑法志》）。文帝在每个季节都亲自审阅囚犯案卷。贞观六年（632年），唐太宗“亲录囚徒，闵死罪者三百九十人，纵之还家，期以明年秋即刑”（《新唐书·刑法志》）。录囚已由最初的平反冤抑变成了一项由皇帝操持、重在悯恤和赦免囚徒的司法活动。

而由于皇帝经常录囚，录囚也就渐渐变成了皇帝的专利，作臣子的如果录囚就被认为是对皇帝权力的僭越。例如，北魏时，宣武帝元恪的舅舅高肇“录囚徒以立私惠”，清河王元怿即对宣武帝说：

> 臣闻唯器与名，不可以假人。是故季氏旅泰山，宣尼以为深讥；仲叔轩悬，丘明以为至诫。谅以天尊地卑，君臣道别，宜杜渐防萌，无相僭越。至于减膳录囚，人君之事，今乃司徒行之，讵是人臣之义？且陛下修政教，解狱讼，则时雨可降，玉烛知和。何使明君失之于上，奸臣窃之于下？长乱之基，于此在矣。（《北史·清河王元怿传》）

录囚被说成是只有皇帝才能干的事情，私自录囚非人臣本分。专制时代的中国，作臣子的最怕其言行有僭越君权之嫌，那样将可能招来杀身之祸，故后世非经皇帝授权鲜有人再敢录囚。

到唐代，除了录囚外，还出现了“虑囚”这一词汇，即忧虑和悯恤囚徒，但唐代的虑囚常不是由皇帝亲自实施的，而是皇帝指令具体官员来实施。例如，白居易的诗《李十一舍人松园饮小酎酒得元八侍御诗叙云在台中推院有鞫狱之苦即事书怀因酬四韵》有云："爱酒舍人开小酌，能文御史寄新诗。乱松园里醉相忆，古柏厅前忙不知。早夏我当逃暑日，晚衙君是虑囚时。唯应清夜无公事，新草亭中好一期。"侍御史简元宗（元八）即承担着虑囚之责。又如，史载贞元十一年（795年）五月丁卯朔，因为大旱，唐德宗李适"命有司虑囚"（《旧唐书·德宗本纪下》），此处虑囚即由皇帝指使相关司法官员实施的。

唐以降，虽然司法制度损益良多，但是录囚和虑囚始终延续着，皇帝本人也常录囚或虑囚。例如，史载宋孝宗赵昚"究心庶狱，每岁临轩虑囚，率先数日令有司进款案披阅，然后决遣"（《宋史·刑法志二》）。宋理宗继位前生长在民间，深知刑狱之弊，据载其登基后"每岁大暑，必临轩虑囚"（《宋史·刑法志二》）。

（三）派亲信参与办案

当皇帝不能亲自主持审判时，有时会派自己的亲信参加审判。例如，史载唐穆宗时"每有司断大狱，令中书舍人一人参酌而轻重之，号'参酌院'"（《新唐书·刑法志》）。又如，明正统六年（1441年）以后，皇帝常派太监同法司一起审办案件，同样，锦衣卫的卫使也能参加法司在午门外进行的审讯以及秋后承天门外的会审，只是不能参加大审。比较有意思的是，奉诏命复审过犯人的宦官，死了以后其墓室上常常画上壁画，画中太监坐北朝南，旁边是司法机关的堂上官员，御史和刑部郎领着囚犯鞠躬听命，以此显示荣耀，昭示后世。

除了亲自主持和派亲信参与审理案件外，皇帝还掌握着所有重大、疑难案件的最高裁判权，其中制度化的做法包括：一是确立于魏晋南北朝、定型于隋唐、完善于明清的死刑复核制度，使决定死刑的权力牢牢地掌握在皇帝手里；二是复仇案件的裁量制度，对于复仇者的量刑，也常常报皇帝决断；三是明清时出现的存留养亲与存留承祀制度，涉案人最后能否获得存留养亲和承祀的恩遇，也由皇帝说了算。当然除了依法裁判外，皇帝还保留了赦免——法外开恩的权力，历代都有赦免制度，赦免的情形也五花八门，仅清代赦典就有恩赦、恩旨之别，恩赦死罪以下俱免，恩旨则死罪已下递减。历朝登极、升祔、册立皇后、皇上五旬以上万寿、皇太后六旬以上万寿及武功克捷之类，例有恩赦。对于赦典，虽然早有人批评其是“小人之幸，君子之不幸”（《旧唐书·太宗本纪上》），但对于这种展示皇权、显示皇恩浩荡的制度，历代皇帝乐此不疲。

为了确保冤情能够上达、监督地方官员，中国古代还建立了直诉制度，冤民可有条件地进京告御状。《周礼》中有肺石制度，汉朝增设上表制度，晋朝始有挝登闻鼓的制度，唐朝的直诉制度除了挝登闻鼓外，还有上表、“邀车驾”和立肺石等，武则天时还创“申冤匦”的制度，宋承唐制，而元、明、清也保留了击登闻鼓、邀车驾等直诉方式，据《清史稿·刑法志三》的记载，清代将击登闻鼓、邀车驾称为叩阍，而直接到都察院、通政司或步军统领衙门呈诉者名曰京控。

官　员

在家天下的政治格局下，“刑政赏罚，断于宸极”（《旧唐书·刑法志》）是帝国各项制度设计的基本指针，原则上所有权力归于皇帝一人所有，皇帝拥有裁决一切争议的权力，但皇帝也是人，能力和精力也是有限的，所以不得不大量使用代理人，大量任命官员。对此，曹孟德曾云：“自古受命及中兴之君，曷尝不得贤人君子与之共治天下者乎！”（《三国志·魏书·武帝纪》）隋文帝更曾动容地说：“但令内外群官，同心戮力，以此共治天下，朕虽瞑目，何所复恨。”（《隋书·高祖纪下》）皇帝虽然拥有一切权力，但是囿于能力和精力，不可能事事亲力亲为，不得不让渡部分权力给官员们，宣称与官员们共治天下。

那么怎么个共治法呢？对此，中国先贤的主张就是君臣分职。而官员们作为皇帝的代理人，其权力来自于皇帝的授予，为了防止代理人滥用权力，违背自己授权的初衷，皇帝对官员进行常规化的考核和明的与暗的监察，而一旦发现官员不忠君爱民、违法乱纪就追究其责任，法官责任制度的发达是中国古代司法政治的一大特色。

官员们只是皇帝的奴才，[①]在皇帝面前其地位是极其卑微的，但是他们在普通老百姓面前却极其崇高，不但在政治、经济、军事等方面拥有优势地位，而且具有道德上的优越感，拥有民之师与父的尊荣，这使其司法时总是高高在上，参诉者与其无任何平等性可言。中国古代司法官员自始至终均面临着一个对上对下的问题，忠君爱民是官员们的基本职业伦理，但是在这个名义之下，为了使自己过得更好，他们也常常干些欺上瞒下的勾当，而在这一等级森严的政治结构之平台上，在儒家和法家思想的影响下，中国古代的官员们形成了循吏和酷吏两种传统，其司法具有鲜明的特色。

一、君臣分职

所谓君臣分职即君主和臣下分工负责，各司其职。这首先是个事实问题，而非理论问题。原因很简单，虽然君主是一切世俗权力的源头，[②]但其能力和精力有限，对此，宋儒陈大猷曾言："天子能以一心察天下之几，不能以一身兼天下之务，任之庶官而已不可使旷……天下之事，无一不出于天，天不自为，人代为之，

① 也有极少数人自认为圣贤，试图扮演皇帝的师或友，中国先秦儒家的文献提供了这种思想资源，但在实践中基本上都不成功。

② 当然在中国古代的思想世界里，权力的终极来源是天，君主作为天的儿子，保有天命，代表天来统治民众，君主的权力是天授予的。此即所谓"受命于天者，君也；受命于君者，臣也"(《方孝孺集》卷三)。

一官旷则一事阙矣。”（《大学衍义补》卷五《总论任官之道》）元儒吴澄云：“天下之事，皆天之事。天以此事付之君，君不能自治而分之人，是庶官所治之事，皆代天而为之者也。”（同上）黄宗羲亦云：“缘夫天下之大，非一人之所能治，而分治之以群工。”（《明夷待访录·原臣》）“原夫作君之意，所以治天下也。天下不能一人而治，则设官以治之；是官者，分身之君也。”（《明夷待访录·置相》）君臣分职是治理天下的客观需要。

但是法家从法治的角度赋予了君臣分职崭新的理论意义，他们将君臣分职放到以法治国的理论框架里面进行考察和定义，阐述了君主专制制度下新的君臣关系图谱。在法家看来，君主拥有绝对的权力，但他没必要事事亲力亲为，而应该充分借力，因为“以天下之目视则无不见也，以天下之耳听则无不闻也，以天下之心虑则无不知也”（《管子·九守》）。桓公曾问管仲怎样才能做到治而不乱，明察是非而不受蒙蔽？管子回答说：“明分任职，则治而不乱，明而不蔽矣。”（《管子·小问》）在《管子》的作者看来，明确责任和分工是治而不乱、明而不蔽的基础和前提，并称不分职的君主为劳主，说：“劳主不明分职，上下相干，臣主同则。”（《管子·七臣七主》）

在法家看来，君主需要做的只是统领全局，掌握好立法、用人和赏罚即可，而作臣子的应绝对服从君主的命令，奉法办事，君臣之间互相都不要越职，否则危害无穷。《管子》云：“心不为九窍，九窍治；君不为五官，五官治。为善者，君予之赏；为非者，君予之罚。君因其所以来，因而予之，则不劳矣。”（《九守》）“兼而一之，人君之道也；分而职之，人臣之事也。君失其道，无以有其国；臣失其事，无以有其位。”（《君臣上》）“君据法而出令，有司奉命而行事。”（同上）“为人君者，下及官中之事，则有司不任；为人臣者，上共专于上，则人主失威。”（同上）“人主者，擅生杀，处威势，操令行禁止之柄以御其群臣，此主道也。人臣者，处卑贱，奉主令，守本任，治分职，此臣道也。故主行臣道则乱，臣行主道则危。故上下无分，君臣共道，乱之本也。”（《明法解》）韩非不但赞同君臣分职，而且对臣工之间的分职提出更进一步的具体原则，他说：“明主之道：一人不兼官，一官不兼事”（《韩非子·难一》），臣工之间的权力和职责要划分清楚。

需要指出的是，为法家君臣分职提供思想资源的是道家，具体来说就是道家的无为思想，道家主张君主无为、臣子有为，这被法家很好地加以利用和发挥。老子云：“是以圣人处无为之事，行不言之教。”（《老子·第二章》）“为无为，则无不治。”（《老子·第三章》）“无为而无不为。”（《老子·第四十八章》）庄子继承和吸收了老子的无为思想，宣称：“夫帝王之德，以天地为宗，以道德为主，以无为为常。无为也，则用天下而有余；有为也，则为天下用而不足。”（《庄子·天道》）“无为而尊者，天道也；有为而累者，人道也。主者，天道也；臣者，人道也。天道之与人道也，相去远矣，不可不察也。”（《庄子·在宥》）

在道家的理念中，为君之道和为臣之道是不同的，这给法家提供了很好的指引和思路，对韩非子的影响特别大，他力主“人主之道，静退以为宝”（《韩非子·主道》），认为君主只需凭借法术势虚静无为而治，他说：

君无见其所欲，君见其所欲，臣自将雕琢；君无见其意，君见其意，臣将自表异。故曰：去好去恶，臣乃见素；去旧去智，臣乃自备。故有智而不以虑，使万物知其处；有贤而不以行，观臣下之所因；有勇而不以怒，使群臣尽其武。是故去智而有明，去贤而有功，去勇而有强。君臣守职，百官有常，因能而使之，是谓习常。故曰：寂乎其无位而处，漻乎莫得其所。明君无为于上，群臣竦惧乎下。明君之道，使智者尽其虑，而君因以断事，故君不穷于智；贤者敕其材，君因而任之，故君不穷于能；有功则君有其贤，有过则臣任其罪，故君不穷于名。是故不贤而为贤者师，不智而为智者正。臣有其劳，君有其成功，此之谓贤主之经也。（《韩非子·主道》）

韩非将道家虚静无为的思想运用到政治生活之中，厘定君臣的职分，得出“君臣守职，百官有常”的结论。

道家和法家君臣分职的思想被吕不韦的门客完全继承，并且将其融入法天道这一思想体系之中，变成了战国末期知识精英们的一种共识。《吕氏春秋·圜道》云：

天道圜，地道方。圣王法之，所以立上下。何以说天道之圜也？精气一上一下，圜周复杂，无所稽留，故曰天道圜。何以说地道之方也？万物殊类殊形，皆有分职，不能相为，故曰地道方。主执圜，臣处方，方圜不易，其国乃昌。

君臣不同道，君主掌握圆道，臣下处守方道，而且这是天道的要求，是效法天道的结果。又说：

先王之立高官也，必使之方，方则分定，分定则下不相隐……百官各处其职、治其事以待主，主无不安矣；以此治国，国无不利矣；以此备患，患无由至矣。

百官各守其职，各自做好分内之事，就能侍奉好君主，治理好国家，防备好祸患。而大致成书于战国时的《周礼》无疑深受君臣分职观念的影响，其对官职的设置、各类官员的职责作了明确的界定。

在战国末期，君臣分职的观念已深入人心，成了人们的一般性知识和信仰，“设官分职，各有司存”也成了历代最基本的政治原则。

按照君臣分职的设想，君臣都要各守职分，互相不干涉和越界。“是以上及下之事谓之矫，下及上之事谓之胜。为上而矫，悖也；为下而胜，逆也。国家有悖逆反迕之行，有土主民者，失其纪也。”（《管子·君臣上》）当然人臣僭越君主权力的情况是较少发生的，因为在专制体制下那将面临灭顶之灾，而难处在于要求手握绝对权力的君主克制、不干涉官员们权限范围内的事情，所以君臣分职实际主要是针对君主们讲的，其最重要的意义在于为作臣子的争得了一定的依法办事的自由空间，对抵御君主恣意妄为起到了一定的积极作用。

根据君臣分职的精神，司法审判工作应该由各级司法官员负责处理，只要官员办案是依法进行的，君主就不得干涉和过问，这在东周间的作品《尚书·立政》篇中有所体现。该文中周公称："文王罔攸兼于庶言，庶狱庶慎，惟有司之牧夫是训用违。庶狱庶慎，文王罔敢知于兹。"在周公眼中，周文王十分重视司法，但是均是根据主管官员——准夫、牧夫的意见裁决案件，对于案件的处理，不敢加以不适当的干预。同时《尚书·立政》篇中周公还两次号召文王的继承人要尊重司法官员依法自主办案，其云："继自今文子文孙，其勿误于庶狱庶慎，惟正是乂之。"要求文王的后世子孙不要误了司法狱讼，不要越俎代庖，要让主管官员去处理。"今文子文孙，孺子王矣。其勿误于庶狱，惟有司之牧夫。"要求文王的子孙，千万别耽误在各种具体的狱讼之中，只让主管部门和牧夫去处理。周文王在春秋战国时已被人看作圣人，少不了有溢美之词，他是否真的不干预司法我们不得而知，本文献最重要的价值在于告诉我们在东周之际，知识精英们已认为君主是不应干预司法官员办案的，相反，应放手让其依法自主办案。由于据说《尚书》是经孔子手定过的，战国时已被人称为经了，汉武帝立五经博士后《尚书》更是拥有了经典的地位，《立政》篇中的这种君臣分职思想当然就具有非凡的意义了，正是有这种思想资源的存在，才有我们前文已提及的张释之违反汉文帝的意志而依法办案的故事，才有监察御史马怀素据法抵制武则天干预执法的言行。从这些事例中，我们可见到正直的司法官员可充分利用君臣分职这一思想和制度框架来达成他们依法办案的目的，抵制君主们的部分恣意妄为。

而部分英明的君主之所以允许正直的官员间或据法抗命，原因很简单，因为法律是皇帝授意制定的，是皇帝意志的表达，其本身是代表皇帝利益的。例如，楚庄王就曾说："法者，所以敬宗庙，尊社稷。"（《韩非子·外储说右上》）法律与君主在根本上是不存在冲突的，如果说有冲突的话，那么就是眼前利益与长远利益的冲突，故只要君主是理性的，认为官员的守法是出于忠诚，那么据法抗命的官员就是安全的。当然如果遇到昏君，他不能明了"法之为道，前苦而长利"（《韩非子·六反》）的道理，只图逞一时之快，那么相关官员就可能面临灭顶之灾，故当武则天拟任徐有功为左肃政台侍御史时，他推辞说："陛下以法官用臣，臣守正执法，必坐此死矣。"（《新唐书·徐有功传》）武则天听了他的话并未收回成命，仍然任命徐为御史。她当然明白，徐只是在向她表白，法官之责就是以生命护法，如果因此而逆龙麟，应予尊重和理解。

当然不是所有皇帝都像汉文帝那样理性和克制，严守君臣分职的教条。对此，在前文笔者已讲过，在中国历史上有不少的君主都喜欢亲自审理裁断案件，代为法司之职，而皇帝片言折狱，难免会犯意气用事的错误，况且在殿厅执行刑罚，十分晦气，故如果皇帝亲自司法，大臣通常会劝谏。例如，魏明帝亲自司法，王肃就抗疏说："陛下之所行刑，皆宜死之人也。然众庶不知，将为仓卒，愿陛下下之于吏而暴其罪。均其死也，不污宫掖，不为搢绅惊惋，不为远近所疑。"（《晋书·刑法志》）王肃劝谏魏明帝将案件交由法司依法处理，不用亲自办案。其劝谏是否被采纳，史书未载，我们不得而知，但有这样的文字被记载下来对我们就足够了。

元和元年（806年）二月戊戌，唐宪宗李纯问宰相杜黄裳说："前代帝王，或怠于听政，或躬决繁务，其道如何?"李纯对皇帝懒于处理朝政和亲自决断琐碎事务这两种做法的是非心存疑问，向杜黄裳请教，杜根据法家君臣分职的思路回答说：

> 帝王之务，在于修己简易，择贤委任，宵旰以求民瘼，舍己从人以厚下，固不宜怠肆安逸。然事有纲领小大，当务知其远者大者；至如簿书讼狱，百吏能否，本非人主所自任也。昔秦始皇自程决事，见嗤前代；诸葛亮王霸之佐，二十罚以上皆自省之，亦为敌国所诮，知不久堪；魏明帝欲省尚书拟事，陈矫言其不可；隋文帝日旰听政，令卫士传餐，文皇帝亦笑其烦察。为人主之体固不可代下司职，但择人委任，责其成效，赏罚必信，谁不尽心。《传》称帝舜之德曰："夫何为哉？恭己南面而已!"诚以能举十六相，去四凶也。岂与劳神疲体自任

> 耳目之主同年而语哉！但人主常势，患在不能推诚；人臣之弊，患在不能自竭。由是上疑下诈，礼貌或亏，欲求致理，自然难致。苟无此弊，何患不至于理。（《旧唐书·宪宗本纪上》）

杜黄裳认为像文书诉讼、百官有无处事的能力这种小事，人主是不用亲自过问的。他还列举了秦始皇、诸葛亮、魏明帝、隋文帝事事亲力亲为被人嘲笑的事例加以说明，认为君主需要做的只是以诚相待，人臣需要做的只是自觉尽心尽力而已。

但君臣职责不分、君主代行法司之职的问题一直存在，隆庆初年，舒化任刑科给事中，明穆宗信任宦官，命令多从宫内下达，舒化就进言说："法者天下之公，大小罪犯宜悉付法司。不当，则臣等论劾。若竟自敕行，则喜怒未必当，而法司与臣等俱虚设。"（《明史·舒化传》）舒化抱怨皇帝不将案件交由法司依法处理，而根据喜怒直接下达命令，法律被抛弃，司法机关被架空，明穆宗朱载垕同意了他的意见，但在皇帝拥有不受约束的权力的情况下，问题显然没有办法从根本上解决。

二、考绩和监察

根据君臣分职的构想，君主只要选好用好司法官员就行了，所有的司法工作都由具体的官员们来承担，但问题是每一位官员都有自身的利益和诉求，他们均可能是"人不为己天诛地灭"信念的奉行者，他们的所作所为完全有可能违背君主授予他们权力的初衷，背叛君主的希望和意志，对这一点法家有清醒的认识。韩非就公开声称君臣之间利益有别，不存在共同的利益，他说："主利在有能而任官，臣利在无能而得事；主利在有劳而爵禄，臣利在无功而富贵；主利在豪杰使能，臣利在朋党用私。"(《韩非子·孤愤》)"君臣之利异，故人臣莫忠，故臣利立而主利灭。"(《韩非子·内储说下六微》)"故君臣异心，君以计畜臣，臣以计事君，君臣之交，计也。害身而利国，臣弗为也；害国而利臣，君不为也。臣之情，害身无利；君之情，害国无亲。君臣也者，以计合者也。"(《韩非子·饰邪》）所以如何保证官员们不偏离正轨，按照君主的利益和意志来行事就成了帝国日常政治生活和国家治理中的一件大事。为此，君主们必须精通御臣之术，而"人主无法术以御其臣，虽长年而美材，大臣犹将得势，擅事主断，而各为其私急"(《韩非子·奸劫弑臣》)。法术并用成了君主们御臣的惯用手法，对法的重视产生了诸如考绩和监察之类的制度创制，而对术的重视产生了诸多的特务统治方法。

为了让君主感受到君臣分职是可行的，保证君主们安于做清静无为的法治统治者，法家指明了具体的路径，《管子·明法解》云："故明主之治也，明分职而课功劳，有功者赏，乱治者诛，诛赏之所加，各得其宜，而主不自与焉。"明君的治国，分清职务而考计功劳，有功者赏，乱治者罚，赏罚之所加，各得其宜，而君主不用搞私人干预。韩非子也说："人主者，守法责成以立功者也。"(《韩非子·外储说右下》）君主只要掌握立法和赏罚的大权就足以驱使天下，建功立业。但考计和监督是赏罚的前提和基础，要正确和有效地进行赏罚就必须对官员进行各种类型的考核和监督，所以，循着君臣分职的思路，就自然会得出考计和监察的构想。对此明人丘濬曾论述说：

> 君有君之职，臣有臣之职。君之职在乎任人，臣之职在乎任事。君不任人而自任，则是君行臣职矣，君行臣职，则是以一身而代百工之事，力有所不及，虑有所不周，日力有所不给，本欲以防一人之奸，而适足以长百奸；本欲以虞一事之废，而适足以致百废。是故人君为治，有一事则设一官，用一官则司一事，分曹而异局，委任以责成。(《大学衍义补》卷十《公铨选之法》)

君臣分职要能正常运作，“委任”和“责成”是不能相分离的，分职必然委任，责成以保证委任不偏离初衷和目的，而要责成就离不开考绩和监察。当然，皇帝对于官员的考绩和监察，仍然得依赖官员来进行。对此，韩非子早就指出：“夫为人主而身察百官，则日不足，力不给。”(《韩非子·有度》）做君主的如果要亲自考察百官，那么就会时间不够用，精力不足。

在中国，考绩的历史相当久远，《尚书·舜典》就有“三载考绩，三考黜陟幽明，庶绩咸熙”的说法，据传帝舜三年考察一次官员们的政绩，考察三次，罢黜昏庸的官员，提升贤明的官员。《舜典》是《今文尚书》中《尧典》的一部分，而根据顾颉刚的研究，《今文尚书》中的《尧典》是战国到秦汉间的伪作，所记未必确实，但这表明至晚在战国时期人们对考绩制度已有认识，具有了考绩的思想。事实上也是这样。战国时，中国已出现了年终考绩的制度。荀子就曾讲："岁终奉其成功，以效于君，当则可，不当则废。"（《荀子·王霸》）当时最主要的考核工作的方法谓之"上计"。秦汉以来，历朝都有考绩制度，其中当然也包括对司法方面的考核。

而监察制度和实践更是十分繁杂，明的有御史制度，而暗的有特务、微服私访等做法。在先秦时期，御史本只是负责记录的史官、秘书官，天子、诸侯、大夫、邑宰皆置御史官员。例如《史记·滑稽列传》云："执法在傍，御史在后。"《史记·孟尝君列传》云："孟尝君待客坐语，而屏风后常有侍史，主记君所与客语，问亲戚居处。"《战国策·韩策三》："安邑之御史死章。"而自秦朝开始，御史就变成了一种专门负责监察的官职，《汉书·百官公卿表》云："监御史，秦官，掌监郡，汉省。"御史历代的设置和具体制度有所损益，但是其相关组织和监察职能一直延续到清朝。为何御史制度历两千年而不败呢？就是因为皇帝监督百官离不开耳目，"广设耳目"是中国古代统治者治国的基本策略。对此，法家有较为系统的理论论述。韩非子曾说："明主者，使天下不得不为己视，天下不得不为己听。故身在深宫之中而明照四海之内，而天下弗能蔽弗能欺者，何也？暗乱之道废而聪明之势兴也。"（《韩非子·奸劫弑臣》）这一思想在制度上的表达就是御史台等监察机关的创设，监察机关即耳目之司，里面的御史即风闻言事的天子耳目。对此，金世宗完颜雍曾公开宣称："监察，人君之耳目。"（《金史·刑志》）御史作为人君的耳目监察百官，各级司法官员的司法行为当然也在其监察的范围之内了。

除了公开的耳目——御史外，为了监察百官，皇帝还时常派遣特务，对官员们进行暗察暗访。例如，史载东汉明帝"性褊察，好以耳目隐发为明，故公卿大臣数被诋毁，近臣尚书以下至见提拽"（《后汉书·钟离意传》）。明帝喜欢把派人探听他人隐私当作圣明，因此，公卿大臣多次被诋毁，近臣尚书以下官吏甚至受到殴打。隋文帝派人对官员进行诱惑侦查，史载其"患令史赃污，因私使人以钱帛遗之，得犯立斩"（《隋书·刑法志》）。隋炀帝曾要求"太守每岁密上属官景迹"（《北史·隋本纪》）。唐太宗也不例外。史载："太宗即位，疾贪吏，欲痛惩乂之，乃间遣人遗诸曹，一史受馈缣，帝怒，诏杀之。"（《新唐书·裴矩传》）唐太宗也干钓鱼执法的勾当，对官员进行秘密引诱，幸运的是在裴矩的规劝下放弃了斩杀经不起引诱的官员的做法。明代的厂卫更是把特务统治推向了高潮。而对于为何搞暗察暗访，金世宗完颜雍与其宰臣的谈话可使我们明白究里，金世宗问其宰臣说："今天下州县之职多阙员，朕欲不限资历用人，何以遍知其能。拟欲遣使廉问，又虑扰民而未得其真。若令行辟举之法，复恐久则生弊。不若选人暗察明廉，如其相同，然后升黜之，何如？"宰臣曰："当如圣训。"（《金史·选举志四》）派遣使者去考察政绩，皇帝担心骚扰百姓而得不到真实情况，行辟举之法，皇帝又担心久而生弊，故只有暗察暗访这一选择了。与此相配合，皇帝们还允许其亲信们上密奏，清代雍正皇帝总结历代的密奏实践，最终创立了密奏传呈制度，要求其亲信定期向皇帝打小报告，该制度一直沿用到清末。

韩非子曾说："圣王之立法也，其赏足以劝善，其威足以胜暴，其备足以必完。治世之臣，功多者位尊，力极者赏厚，情尽者名立。善之生如春，恶之死如秋，故民劝极力而乐尽情，此之谓上下相得。"（《韩非子·守道》）考绩和监察本身不是目的，只是为实施奖惩和赏罚提供事实依据而已，在考绩和监察之后，该奖励的奖励，该惩罚的惩罚。除君主之外，任何人都是赏罚的对象，即所谓"刑过不辟大臣，赏善不遗匹夫"（《韩非子·有度》）。当然要对司法官员进行赏罚，首先就得制定关于赏罚的法律。对此，中国在很早就有相关的立法。例如，《尚书·吕刑》就有"士制百姓于刑之中，以教祗德"，以及"五过之疵，惟官、惟反、惟内、惟货、惟来。其罪惟均，其审克之"的记载，主刑狱的士师用刑法制约百官，教导人们敬重德行，对法官办案时依仗权势随意处理、乘机报恩报怨、畏惧高位强权、不敢秉公执法、勒索财物、接受请托、贪赃枉法的行为，审查、核实后要加以治罪和惩罚。公元前213年，秦始皇"适治狱吏不直者，筑长城及南越地"（《史记·秦始皇本纪》）。而在韩非"明主治吏不治民"（《韩非子·外储说右下》）思想的影响下，历代君主都十分重视治吏。《唐律》共502条，罪名计445项，其中绝大多数都是针对官吏的，司法是官员们的重要工作内容，故也是法律规范的重要领域，这一系列因素使中国古代产生了一套十分发达的法官责任制度，[①]对法官责任的强调正是中国古代司法的一个重要特色。

三、师与父母

在君主面前，官员们只是被严加监督和防范、唯唯诺诺、低三下四的奴才和走狗，但是在普通百姓面前，官员们的地位立即就发生了变化，换上了另一幅面孔，成了高高在上的人上人。其中甚至不乏趾高气扬、颐指气使之徒。他们不但在政治上、军事上、经济上具有优越性，而且在道德上也具有优越性，具有民之老师和父母的双重身份，故不但可依法对民众实施赏罚，而且以老师和父母的名义进行教化和训诫。

首先，官员是百姓的老师。《尚书·泰誓上》云："天佑下民，作之君、作之师。"百官就是民众的老师。学在官府是中国最古老的传统，只是由于东周时王室衰落，"天子失官，学在四夷"（《左传·昭公十七年》），各种私人办学的出现，方才打破了官方对知识和学术的垄断。在学在官府的时代里，有资格当老师的自然只能是官员。

在先秦诸子中，明确倡导以"以吏为师"的是韩非，他理想中的法治国是如此的景象："故明主之国，无书简之文，以法为

---

①参见巩富文:《中国古代法官责任制度研究》，西北大学出版社2002年版。该书关于中国古代法官责任制度成因的归纳和提炼未到位，实际家天下的君主专制制度才是其最根本的成因。

教；无先王之语，以吏为师；无私剑之捍，以斩首为勇。”（《韩非子·五蠹》）秦灭六国后，法家的学说变成了秦朝的官方统治学说，韩非子“以法为教”和“以吏为师”的学说得到了践行。李斯向秦始皇进言说：“今天下已定，法令出一，百姓当家则力农工，士则学习法令辟禁……若欲有学法令，以吏为师。”（《史记·秦始皇本纪》）秦始皇采纳了李斯的建议，“以吏为师”成了帝国的一项基本国策。

关于秦朝的“以吏为师”，清代学者章学诚曾说：“以吏为师，三代之旧法也。秦人之悖于古者，禁《诗》《书》而仅以法律为师耳。三代盛时，天下之学，无不以吏为师。《周官》三百六十，天人之学备矣。其守官举职，而不坠天工者，皆天下之师资也。东周以还，君师政教不合于一，于是人之学术，不尽出于官司之典守。秦人以吏为师，始复古制。而人乃狃于所习，转以秦人为非耳。秦之悖于古者多矣，犹有合于古者，以吏为师也。”（《文史通义·史释》）章学诚这个评价无疑是较为中肯和符合历史事实的。在秦以后的历史时空里，“以吏为师”的传统仍然延续着，例如汉景帝就宣称：“夫吏者，民之师也。”（《汉书·景帝纪》）董仲舒在回答汉武帝的对策中也说：“今之郡守、县令，民之师帅，所使承流而宣化也。”（《汉书·董仲舒传》）宋人程迥也说：“守令者，民之师帅，政教之所由出。”（《宋史·程迥传》）只是后世官员教化民众的内容不再限于秦朝时的法律，而更多的是儒家的教义罢了。

其次，官员是民众的父母。前文我们已说过，天子是天下人的父母，这有文献依据。《尚书·洪范》云："天子作民父母，以为天下王。"《尚书·泰誓上》云："亶聪明，作元后，元后作民父母。"在现实中，君主们也常常口口声声地宣称自己是天下人的父母，自己不是在统治人民，而是在子育群生。但在中国古代，除了君主外，官员们也可自视为所管辖地方民众的父母，这也是有经典文献依据的，而且也得到了君主们的认可。

《诗经·大雅·泂酌》云："岂弟君子，民之父母。"不需要非得是圣人，品德高尚的君子就有资格做民众的父母了。《诗经》中这句话在后世被人广泛称引，是其最重要的文献依据。《荀子·王制》也重复了这种观念，云："故天地生君子，君子理天地。君子者，天地之参也，万物之总也，民之父母也。"治理天地的君子就是民众的父母。普通士大夫当不了圣人，[①]但是做个君子，对此他们还是信心满满的，自认为有资格当民众的父母。而且皇帝也希望他的官员们是君子，能够忠君爱民，而所谓爱民最形象化的表达就是要做到爱民如子，故士大夫们就顺理成章地当起了民众的

①根据孔子关于圣人的定义，其除了要具备完美的人格、崇高的品德外，还必须取得"博施于民而能济众"（《论语·雍也》）和"安百姓"（《论语·宪问》）的事功，即内圣的修养和外王的功夫一样都不能少，这使除了皇帝外，谁也没有资格称圣人，因为只有他们才有"博施于民而能济众"和"修己以安百姓"的权位。孟子降低了孔子关于圣人的标准，说"圣人，百世之师也"（《孟子·尽心下》），宣称能世代为人师表的都是圣人，但即使是这个标准，也没有几个人符合条件。

父母官，而且社会各界也以父母的标准来衡量和要求官员。

西汉的严延年为官严峻、苛刻、残暴，喜欢杀人，他母亲见其虑决囚犯情形后就谴责说：“幸得备郡守，专治千里，不闻仁爱教化，有以全安愚民，顾乘刑罚多刑杀人，欲以立威，岂为民父母意哉！”（《汉书·严延年传》）严延年的母亲认为他杀人树威的做法不是民众父母官的作为，必然不会有好下场。此史料表明，在西汉时，地方官员就已被人称为父母官了。建初五年（80年），针对当时部分司法官员冤枉无辜、草菅人命的行为，东汉章帝刘炟特下了一道诏书，他说：“孔子曰：‘刑罚不中，则人无所措手足。’今吏多不良，擅行喜怒，或案不以罪，迫胁无辜，致令自杀者，一岁且多于断狱，甚非为人父母之意也。有司其议纠举之。”（《后汉书·肃宗孝章帝纪》）司法官员们冤枉迫害无辜，致使一年中自杀的人比判死罪的人还多，使皇帝深感不安，要求有关主管官员议论纠察检举的办法。在此处，刘炟就指责这些不负责的司法官员不配为民众的父母官，这表明连皇帝也认同了地方官员是民众父母官的说法。同样，在宇文泰命令苏绰为西魏文帝祭祀宗庙时起草的《大诰》中，我们也见到了这样的语句：“皇帝若曰：‘庶邦列辟，汝惟守土，作人父母。’”（《北史·苏绰传》）皇帝说，诸侯君长，你们的职责是守卫疆土，治理一方政事，作民众的父母官。地方官员是民众的父母官成了朝野的一种共识，人们的一般性知识。除了皇帝和社会舆论要求地方官员要有作民父母官的意识，其言行要符合父母官爱民如子的要求外，在中国古代地方官员们基本上也以父母官自许。例如，河清三年（564年），北齐武成帝高湛敕令民间养驴，催买很急，但民众没有钱购买，东郡太守孟业就说："吾既为人父母，岂可坐看此急。令宜权出库钱，贷人取办，后日有罪，吾自当之。"（《北史·循吏孟业传》）孟业明知私自挪用库钱是犯罪的行为，如果将来皇帝怪罪下来，后果将不堪设想，但他认为自己身为父母官应该不顾个人安危解民众之困。果不其然，他后来被宪司弹劾，依法被逮捕，好在民众极力挽救，不少人到京城为其申冤，最终促使皇帝下令将其放回。父母官这一理念使孟业甘愿冒犯罪的风险，也要解救民众一时之困。官员们以父母官相期许，当然也希望民众能投桃报李，故一个官员如果能受到民众爱之如父母的礼遇，就是最大的安慰和奖励，并且足以青史留名，宋代的韩琦、程颢、杨简，元代的迈里古思、耶律伯坚，清代的陆陇其等做地方官员时，都留下了民爱之如父母的美名。

官员不但拥有权力，而且拥有民众老师和父母的身份，这就使中国古代司法绝不是同侪之间的审判，司法官员与诉讼参与人在地位上是绝对不平等的，官员们在权力上和道义上都具有绝对的优势，这也使其司法具有鲜明的教化性，是一种典型的家长制司法、能动性司法。我们就以十分清廉、勤政爱民、民众敬若父母的陆陇其为例来看看他是如何司法的，史家记载了其做嘉定知县时的司法情景：

陇其守约持俭，务以德化民。或父讼子，泣而谕之，子掖父归而善事焉；弟讼兄，察导讼者杖之，兄弟皆感悔。恶少以其徒为暴，校于衢，视其悔而释之。豪家仆夺负薪者妻，发吏捕治之，豪折节为善人。讼不以吏胥逮民，有宗族争者以族长，有乡里争者以里老；又或使两造相要俱至，谓之自追。(《清史稿·陆陇其传》)

陆陇其将司法变成了宣传和实施教化的重要场域，他的司法贯穿了以德化民的精神。

熟悉儒家典籍，并身体力行，将老师和父母这两个角色演绎得淋漓尽致的官员们成就了中国古代循吏的传统，这是一个能动司法的传统。而与此相对的，奉行法家的路线，严格执法，刻薄寡恩的官员们形成了中国古代酷吏的传统。当然在正统的意识形态中，官方是提倡和鼓励循吏的。例如，汉文帝就曾说："且夫牧民而道之以善者，吏也；既不能道，又以不正之法罪之，是法反害于民，为暴者也。"(《汉书·刑法志》）而酷吏之所以盛行，与考绩等制度设置相关，也与君主明的和暗的支持分不开。

胥　吏

在中国古代，朝廷对官员的职数历来都实行严格的控制，官员的数量是十分有限的，从西周直到清代均如此，为了应付繁重的行政司法事务，各级官员都不得不在国家正式编制之外聘请一些精通行政和司法事务的人员来协助自己处理日常行政和司法事务，[①]“有官则必有吏”成了一种必然的历史选择，[②]于是就产生了中国古代独特的胥吏制度。历朝胥吏的种类、称呼和人数均有别，但是他们的职掌却大致相同，主要就是“抱案牍，考章程，备缮写”（《皇朝经世文编》卷二十四），所以辞书通常将其诠释为官府中办理文书的小吏。这些办理文书的小吏不是官员，是流外之人，地位卑微，但是他们在行政和司法中的影响和作用甚至有时比官员还大，在中国古代“外委胥吏，内听妇言”（《旧唐书·元载传》）的官员并不在少数，对此余英时曾评论说：“胥吏虽在流外，不能算作官僚制度的一个正式组成的部分，但其影响所及有时竟足以使整个官僚制度为之失灵。这也是讨论中国政治传统的人所万万不容忽视的。”[③]

中国古代国家机器的运转一刻也离不开胥吏，“举一郡之事付之胥吏”（《宋史·曾从龙传》）也并非罕见，但是胥吏的形象却十分不佳，“奸猾小人”“贪墨”“因缘为奸”“朋奸”等词基本上成了人们描述胥吏时的固定搭配，胥吏之害也是中国古代学者们讨论

①瞿同祖的研究表明，清代的地方政府仍然是“一人政府”，属于国家正式编制的官员只有州县官，为了使国家机器正常运转，他们不得不依赖其自行雇用的幕友和长随。参见瞿同祖：《清代地方政府》，法律出版社2003年版。

②事实表明，那些试图不依赖胥吏的官员基本上都没有好结果，例如清代学者章学诚在所撰的《书孝丰知县李梦登事》中就给我们讲了一个孝丰知县李梦登的悲惨故事：他到任后不用幕僚胥吏，靠二三同志协理政事，但三个月后竟因公文格式不对被免官，靠民众接济和施舍，方得以生活和还乡。

③余英时：《中国思想传统的现代诠释》，江苏人民出版社1995年版，第115页。

的重要日常话题，现代学者大多也对中国古代的胥吏制度持负面评价，例如，余英时就曾说："传统官僚制度的底层有一个极大的漏洞，那便是胥吏制度。"①

胥吏之害的内容包括如下几个方面：

第一，愚弄和欺骗官员从中渔利。胥吏作威作福甚至间或欺压到普通官员们的头上，史载金宣宗兴定年间，"时胥吏擅威，士人往往附之"（《金史·聂天骥传》），胥吏作威作福，到了文士都往往要依附他们的程度。官员如果能力不强，也常会被胥吏们玩弄于股掌，例如，史载明代长垣人李化龙万历二年（1574年）中进士后出任嵩县知县，但由于其年方二十，为胥吏们看不起，于是他"阴察其奸，悉召置之法，县中大治"（《明史·李化龙传》）。官员没有能力收拾和驯服胥吏，要治理好一方基本上是没有可能的，故驯服胥吏就成了官员们必须完成的功课。胥吏由于是具体办事的，对司法官员的影响当然是巨大的，只有少数极为有主见的人才不受其影响，东汉的贾彪就是一位，史载：

> [贾彪]初仕州郡，举孝廉，补新息长。小民困贫，多不养子，彪严为其制，与杀人同罪。城南有盗劫害人者，北有妇人杀子者，彪出案发，而掾吏欲引南。彪怒曰："贼寇害人，此则常理，母子相残，逆天违道。"遂驱车北行，案验其罪。城南贼闻之，亦面缚自首。（《后

① 余英时：《中国思想传统的现代诠释》，江苏人民出版社1995年版，第114页。

汉书·党锢列传》）

贾彪对案情的轻重缓急有自己的主张和判断，不听从掾吏的安排收到了很好的治理效果。但在后世科举考试时代，官员们常常除了精通儒家经典外，对于行政和司法事务则知之甚少，要不被胥吏们所操纵和左右就难了，故出现“州县胥役挟持长吏，为衙蠹之害”（《清史稿·成性传》）的局面就不可避免。

第二，胥吏是官场贪污腐败的重要根源。胥吏的贪墨历来为人所共知，特别是官员对胥吏监管不严，政务全凭其处置时更是如此。例如，唐时杨国忠“自侍御史以至宰相，凡领四十余使，又专判度支、吏部三铨，事务鞅掌，但署一字，犹不能尽，皆责成胥吏，贿赂公行”（《旧唐书·杨国忠传》）。杨国忠大权在握，但是事多忙不过来，最后许多事情只能听凭手下胥吏处置，以致贿赂公行。同样，唐朝苗晋卿前后主持考选五年，“政既宽弛，胥吏多因缘为奸，贿赂大行”（《旧唐书·苗晋卿传》）。

第三，胥吏利用法律制度的漏洞渔利。史载南宋“绍兴初，州县盗起，道不通，诏应奏裁者，权减降断遣以闻。既而奏谳者多得轻贷，官无失入之虞，而吏有鬻狱之利，往往不应奏者，率奏之”（《宋史·刑法志三》）。皇帝在司法上刚开一个口子，马上就成了胥吏们谋利的机会。

第四，胥吏充当犯罪人的耳目，为其通风报信，使案件得不到侦破。宋人程师孟出任江西转运使，袁州发生盗案，“州吏为耳目，久不获，师孟械吏数辈送狱，盗即成擒”（《宋史·程师孟传》)。程师孟惩罚了几个通风报信的小吏，盗贼才被擒获。明代的张淳做永康知县时，也遇到了胥吏充人耳目的事例："巨盗卢十八剽库金，十余年不获，御史以属淳。淳刻期三月必得盗，而请御史月下数十檄。及檄累下，淳阳笑曰：'盗遁久矣，安从捕。'寝不行。吏某妇与十八通，吏颇为耳目，闻淳言以告十八，十八意自安。淳乃令他役诈告吏负金，系吏狱。密召吏责以通盗死罪，复教之请以妇代系，而己出营赀以偿。十八闻，亟往视妇，因醉而擒之"(《明史·循吏张淳传》)。张淳将计就计，让胥吏给大盗卢十八传递假消息而最后将其成功擒获。但对于没有像张淳这样富有权谋和计策的官员来说，就只能承受侦办案件失败的结果了。

第五，胥吏玩法弄权，干些勒索、鱼肉和迫害百姓的事情。县官不如现管，行政和司法事务基本上都是由胥吏操办的，胥吏事实上掌握着事权，许多事情实际是由其按照自己的意思处置的，这就为胥吏勒索和鱼肉百姓创造了条件。他们有时作为贪墨官员的帮凶分一杯羹，有时背着官员们搞些小动作，私下勒索和收受当事人的财物，在司法中"上下其手，窜改狱词"(《清史稿·曹一士传》)并不少见，"衙门八字开，有理无钱莫进来"正是胥吏们的杰作，对此官员们也十分清楚，并常以此来作为劝谕人们息讼的重要理由，例如朱熹的门人张洽任袁州司理参军时：

> 有盗黠甚，辞不能折。会狱有兄弟争财者，洽谕之曰："讼于官，祇为胥吏之地，且冒法以求胜，孰与各守分以全手足之爱乎？"辞气恳切，讼者感悟。盗闻之，自

伏。(《宋史·张洽传》)

在张洽看来官府乃胥吏之地，诉讼不会有善果，这个说法获得了争讼兄弟的认同，最后当事人感悟息讼。

胥吏为害、其形象不佳的根源是什么呢？根据相关文献提供的信息，归纳起来主要是如下几个方面所致：

第一，胥吏来自社会底层，社会地位低下，广泛遭受歧视，难免自暴自弃。胥吏大多来自底层民众，所受教育也较为有限，三国时的卫觊在提议设置律博士时就指出："狱吏者，百姓之所县命，而选用者之所卑下。"(《三国志·卫觊传》) 士人中是没有几个愿意做胥吏的。胥吏虽然干着今天国家公务员们干的事情，但并不受人尊重，在各方面均与官员们明确区分开来，包括在服饰上都有区别，即"自天子逮于胥吏，章服皆有等差"(《旧唐书·舆服志》)。甚至时常还将其与倡优并列，诸如"胥吏、倡优毋得衣裘帛"(《清史稿·汤斌传》) 之类的文字也常见于官方的法律文件，在此环境里面，作为胥吏是没有荣誉感的，胥吏要自视高洁是困难的。

第二，胥吏缺乏向上流动的机会，晋升之路基本上被堵死。在汉代，朝廷和社会对胥吏还不存在严重的歧视，胥吏也可经过努力成为高级官员。例如，张汤起初只是长安县大牢的一名狱卒，最后成了御史大夫。于定国子承父业从狱史干起，先后做了廷尉、御史大夫、丞相，封为西平侯。在唐代，作为流外官的胥吏干得好，还存在转入流内官的机会，但是自唐以降由胥吏干起最后当上大官的就十分罕见了。明英宗时的谏官张固敢于说话，“大臣多被弹劾，又劾都御史陈镒等举属官出身掾吏者为知府。自是掾吏不得历知府，著为例”（《明史·张固传》）。张固弹劾都御史陈镒等推举出身于掾吏的属官担任知府，使从此掾吏不能担任知府变成了法律，胥吏们的仕途遇到了天花板。明清时期，成为州县官的佐贰已成了胥吏们终生奋斗的目标，即“旧制，胥吏供役年久无过，予以议叙，选用佐贰”（《清史稿·朱之弼传》）。但即使这一卑微的出路仍然遭到了许多人的批评，对大多数胥吏而言也是行不通的。

第三，胥吏收入微薄，而其事实上又掌握着各种事权，为了生计，贪墨、敲诈勒索民众就成为必然。由于胥吏并没有纳入国家的正式编制，国家也较少考虑其薪酬问题，收入微薄或者说没有正式的收入就成了胥吏们面临的现实处境。因为收入微薄，汉代的胥吏被称为“斗食”，《汉书·百官公卿表》云：“百石以下有斗食、佐史之秩，是为少吏。”南宋时临安府分设左、右司理、府院三所监狱，狱中执刑杖吏卒因无薪给无以为靠，为此乾道七年（1171年）宋孝宗特下诏说：“人月给钱十贯，米六斗，每院止许置一十二人。”（《宋史·刑法志二》）即使是帝国京城监狱的执刑杖吏卒，收入也没有保障，在皇帝亲自出马过问下，他们也只得到聊以糊口的收入。清代给胥吏的俸银叫“食米”，即口粮钱，胥吏光靠俸银是难以养家糊口的。在此制度环境下，要让胥吏们清廉是强人所难。[①]

胥吏之害，人所共知，对此皇帝们也一清二楚，历史上有许多皇帝都试图解决这个问题，例如隋文帝甚至想出来了一个佐吏任期制的办法，史载其“以典吏久居其职，肆情为奸。诸州县佐史，三年一代，经任者不得重居之”（《隋书·刑法志》）。隋文帝看到了胥吏久居其职的弊病，命令各州县的佐吏三年替换一次，曾经任其职者不得再出任其职位。后世也曾时或沿袭和借用了隋文帝的这一发明，例如清代就要求吏员五年考满离职，但效果并不好。

另一项重要的制度建设就是朝廷一再强调官员们应亲自办理案件，不能让司法完全落入胥吏之手。例如，后晋开运二年（945年）五月壬戌，殿中丞桑简能上密封奏章说：

> 窃以诸道州府都郡县应见禁罪人，或有久在囹圄，稍滞区分，胥吏侮文，枝蔓乃众。捶楚之下，或陷无辜；缧绁之中，莫能自理。苟一人拘系，则数人营财，物用既殚，工业亦罢。若此之类，实繁有徒，切恐官吏因循，

---

① 对于高薪养廉，中国古人并非没有认识，历史上也曾出现过提高胥吏的薪水收到理想效果的事例，史载西汉赵广汉做京兆尹时，“奏请，令长安游徼狱吏秩百石，其后百石吏皆差自重，不敢枉法妄系留人”（《汉书·赵广汉传》）。赵广汉请求把长安游徼狱吏的俸禄增加到百石（相当于太守的二十分之一），效果十分良好，增加俸禄的属吏都比较自重，不敢枉法任意拘系人。

浸成斯弊。伏乞降诏旨，令所在刑狱，委长吏亲自录问，量罪疾速断遣，务绝冤滥，勿得淹留，庶免虚禁平人，妨夺农力，冀召和气，以庆明时。(《旧五代史·刑法志》)

后晋出帝石重贵看后下诏说：

囹圄之中，缧绁之苦，奸吏苟穷于枝蔓，平人用费于货财，由兹滞淹，兼致屈塞。桑简能体兹轸悯，专有敷陈，请长吏躬亲，免狱官抑逼，深为允当，宜再颂行。宜依。(《旧五代史·刑法志》)

石重贵完全赞同桑简能的建议，要求长吏亲自处理案件，以免狱官抑逼囚犯。同样，宋太宗也十分强调官员们要亲自审判案件，他曾下诏书说："诸州大狱，长吏不亲决，胥吏旁缘为奸，逮捕证佐，滋蔓逾年而狱未具。自今长吏每五日一虑囚，情得者即决之。"(《宋史·刑法志一》) 对于官员亲自办案，宋仁宗也十分留意，史载其"即位之初，诏内外官司，听狱决罪，须躬自阅实，毋枉滥淹滞"(同上)。仁宗皇帝要求中央和地方百官，在听审判罪时，必须亲自查对核实。官员们不亲自审理案件使胥吏们作弊有了可乘之机，皇帝们要求官员亲自办理案件确实能部分减少胥吏的为害。

同时，朝廷也将管理胥吏作为选拔官员时考量的重要因素。例如，唐德宗李适选拔刺史和县令，就将如何评价官府中胥吏的优劣作为一项重要的考查内容，史载：

> 当是时，诏天下举可任刺史、县令者，殆有百人。有诏令与群官询考，及延问人间疾苦，及胥吏得失，取其有恻隐、通达事理者条举，什才一二。宰相将以辞策校之。珏曰："求良吏不可兼责以文学，宜以圣君爱人之本为心。"执政卒无难之，皆叙进官，颇多称职。（《旧唐书·薛珏传》）

在朝廷的要求和强调下，治理胥吏也成了官员们日常工作中的一个重要组成部分，甚至出现了"而今内外百司捶楚属官，甚于奴隶"（《明史·解缙传》）的现象。而历史上也确实有一些能干的官员把胥吏的为害降到了较小的程度。例如，东魏彭城景思王高浟出任沧州刺史，对下属管理十分严格。史载其治下县令官佐僚属，以及办理文书的小吏，行走往来，都是自备粮食。"有隰沃县主簿张达，尝诣州，夜投人舍食鸡羹，浟察知之。守令毕集，浟对众曰：'食鸡羹何不还他价直也？'达即伏罪，合境号为神明。"（《北史·高浟传》）高浟对其下胥吏管理十分严苛，同时十分明察，胥吏鲜能为害。而精通吏事、胥吏不能相欺的官员也间或有之，例如宋代的蔡襄，史载"襄精吏事，谈笑剖决，破奸发隐，吏不能欺"（《宋史·蔡襄传》）。明代的杨卓也以"精吏事，吏不能欺。而治平恕，民悦服焉"（《明史·杨卓传》）著称于世。明人朱胜也以"廉静精敏，下不能欺"（《明史·朱胜传》）著称，其对付胥吏的经验是："吏贪，吾不多受牒；隶贪，吾不行杖；狱卒贪，吾不系囚。"（《明史·朱胜传》）他以少接受文牒、不用刑杖、不关押囚犯等办法来减少胥吏贪婪的机会，据称取得了良好的效果，“公庭清肃，民安而化之”（同上）。历史上防治胥吏贪墨为害取得明显成效的官员不乏其人，类似“胥吏不能牟一钱”（《明史·欧阳东凤传》）、“胥吏不能为奸”（《清史稿·郭琇传》）、“聪强果决，摧抑豪猾，禁戢胥吏”（《清史稿·施世纶传》）之类的记载也偶见于史册。类似“冯太守，何来迟，胥吏瘠，百姓肥”（朱彝尊《明诗综》卷一百）的民间歌谣也广为流传，这既是对清明能干官员的歌颂，也寄托了民众的期盼。但这些成功者只是少数的例外，大多数官员都不能完全杜绝胥吏为奸的发生。

绅　士

中国古代皇帝在拥有极权的同时，在道义上对民众也负有养之、富之、教之的责任，这就注定了皇帝领导的政府必然是一个负有全面管理责任的全能政府，但政府的资源和能力毕竟是有限的，故简约治理就成了历代治国的基本策略，历代政府的直接统治一般只向下延伸到县，即“自上向下的单轨只筑到县衙门就停止了”，[①]在广大乡村，政府征用民间权威和资源用于社会治理就

①费孝通:《乡土重建》，上海书店1991年版，第46页。不过关于传统中国“国权不下县，县下惟宗族，宗族皆自治”“政权只延于州县”等论述现在看来是过于简单化了，实际传统中国的地方政府在乡村社会并非无所作为，中国自秦开始就在乡村实行乡里制度，编户齐民是另一种历史真（转下页）

成了必然的选择，这一思路在先秦的文献中即已出现端绪。《商君书·说民》云："国治：断家王，断官强，断君弱。"说治理国家有三种情况：在家族中能决断的国家能称霸天下，由官吏来决断的国家就强大，由国君来决断的国家就弱。法家是认同和赞赏依靠家族来治理社会的。而在乡村中的民间权威主要就是乡绅和族长（许多时候二者是合一的），这就使乡绅和族长在乡村治理中扮演了重

（接上页）实。参见秦晖：《传统中华帝国的乡村基层控制：汉唐间的乡村组织》，载黄宗智主编：《中国乡村研究（第一辑）》，商务印书馆2003年版，第1—31页。对此我们从一些零星的史料也可看出一些端倪，清人程含章在《论息斗书》一文中建议地方官员进村与民众拉家常，建立互信，然后为村民"剖曲直，解纷争，释仇怨，立乡规，设族长，置党正，立义学，作人材，教孝弟，训睦恤"，从而为最终消除械斗创造条件，在程含章看来地方官员在乡村社会中是有许多事情需要做的。清人汪辉祖在《学治臆说·查逐流丐之法》一文中谈及其在宁远知县任上治理流丐的往事，他初莅任例应点卯，结果发现三十六里各有专役催粮，于是他刷印小票数百番给役，分发各里，耆民协保捕逐，使人人有捕丐之责，处处有责捕之人，流丐无地可容，最后不到半个月就成功地驱除了县境里的乞丐。各里都有专设差役，官员在乡村中的动员能力还是强而有力的，不能说政府的权力触角未能深入乡村。当然在政府治理资源和能力均有限的情况下，搞株连，实行连带责任，把所有人捆绑在一起，让人人互相监督，互相为警察，这是自秦商鞅变法就开始的做法，后世官员们也惯常采用，例如，史载李骥作河南知府时"河南境多盗，骥为设火甲，一户被盗，一甲偿之"（《明史·李骥传》）。一户被盗如果抓不住盗贼由全甲人赔偿的规定，把邻里守望相助的责任推向了极致，事实上发动了一场针对盗贼的人民战争，其动员的广泛性是空前的，这样的乡村已高度组织化、军事化，说国权不下县，已很难成立。

要角色，县以下事实上成了族权、绅权与皇权共同作用的空间。

作为地方精英的中国绅士历来为人所关注，但是要给他们下一个准确的定义却是较为困难的，瞿同祖的研究大致是可靠的，他认为士绅身份以官宦身份或仕宦资格的取得为前提或基础，清代的士绅阶层由官员（包括现职、退休、罢黜）和有功名者（进士、举人、贡生监生、生员）两个群体组成，[①]前者即为官绅，后者即是学绅。士绅和官吏隶属于同一个集团，都是官僚集团的实际成员或候补成员。“士进则为官，退则为绅”，士如果不任职，闲居在乡下，就是所谓乡绅。

“绅为一邑之望，士为四民之首”（《将吏法言》卷五），绅士是国家认可的知识精英，是当地的社会贤达，作为四民之首，为乡民所仰望。绅士在乡村教化、礼仪、行政和司法诸多方面均拥有话语权，也发挥着重要的作用。绅士是官与民的中介，也是官民之间的缓冲，官依赖绅士帮助来进行地方的治理，民众依赖绅士来表达自己的意愿和期望，所以绅士的身份是双重的，他们既是政府所推行的意识形态、价值观念和秩序的忠实维护者，又是民众的代言人，民众依赖他们和官府打交道，其是官府和百姓之间的斡旋者。地方上筑路铺桥、修补水利村防设施、修葺祠堂庙宇、兴办社学义学、救济灾民贫民、举办团练、联庄之类的自卫组织等事务，常常是在绅士们的主导下进行的，一个地方如果没

---

①瞿同祖：《清代地方政府》，法律出版社2003年版，第228—289页。

有绅士，治理就将出现困难，绅士对于稳定乡民之作用，可从清代顺治时期四川巡抚姚缔虞的一个上疏中见其一斑。姚在上顺治的奏书中说：

> 四川迭经兵火，荒残已极。官户乡绅，多流寓外省，虽令子弟复业，迨入学乡举登仕版后，仍弃本籍他往。百姓见其如此，亦裹足不归。若招回乡宦一家，可抵百姓数户。绅宦既归，百姓亦不招而自至。今察明各属流寓外省绅衿，请敕部移行，饬令复业。（《清史稿·姚缔虞传》）

绅宦常常同时也是族长，其周围围绕着一大群人，是乡民的意见领袖，顺治帝认同姚的说法，批准了他的请求，可见绅宦对于地方治理和稳定之重要。正是如此，礼敬士绅是地方官员们的必修课，黄六鸿曾教导说，知县对于乡绅"宜待之以礼，用刺相觌。悉照旧规，其有切己事或兄弟子侄横罗意外，亦必周全体面，所以重衣冠而扶名教也"（《福惠全书》卷四《莅任部三》）。正是因为绅士的这种重要作用，美国学者费正清评论说："在过去的一千年，绅士越来越多地主宰了中国人的生活，以致一些社会学家称中国为士绅之国。"[①]

乡绅们在司法上的作为主要表现在如下几个方面：一是包揽

① ［美］费正清：《美国与中国》，张理京译，世界知识出版社1999年版，第32页。

词讼。乡民们常常不懂法律，目不识丁，不会写诉状，与官员也说不上话，如果发生纠纷想打官司，他们通常需要仰仗本地绅士草拟诉状和出谋划策，历代王朝虽然均打击诉棍，但均不禁止诚实地帮别人起草讼状和出主意打官司，这就为有钱有势的绅衿包揽词讼、左右官司、从中谋利提供了机会。二是主持解决一些民间纠纷。有时村民会主动将一些邻里纠纷提交绅士们主持公道。一些地方曾存在“吃讲茶”的民俗，就是绅士和族长出面到茶馆内当着公众评理，调解纠纷。有时即使当事人已起诉，但地方官员在接到诉状后，认为情节轻微不值得传讯，或者关系到邻里关系不便公开传讯，或发现原告所告不实或情节支离，也会主动将案件批回让绅士或族长处理，即所谓官批民调。这就使乡绅和族长分享了国家的部分司法权力，成了一些纠纷和案件事实上的裁决者。明代《教民榜文》赋予里老人、里甲长、保甲长们负责处理本乡本里户婚、田宅、斗殴之类的案件，乡里处理纠纷常常也离不开绅士们的参与。作为族长的绅士还有权处罚轻微犯罪的族人，而施用的家法甚至包括活埋和沉塘等极刑。

皇权在乡村对绅权的让步是出于“天高皇帝远”的现实无奈，政府对族权和绅权当然是抱有戒心的。乾隆就曾批示说：“此等所举族正，皆系绅衿土豪，若明假以事权，必倚仗声势，武断乡曲，甚至挟隙诬首，及顶凶抵命，何不可为。”（《清实录》卷一三三“乾隆五十四年七月辛亥”条）

黎　民

在专制中国，除皇帝外的人都是皇帝的子民和臣民，而且也只有皇帝不受司法的管辖和审判（如果皇帝受到审判那么就意味着新的王朝诞生了）。在司法中希望官家帮助其主持公道或受到官方追究的当事人，就作为皇帝的子民而言，无论他们是贵族官僚还是普通百姓，在司法中都是被处置的对象。在承办案件的官员面前，也都是卑下的，中国古代是没有同侪审判这样的理念和实践的。但不只是官与民是不平等的，而且与等级社会相应的是，在中国古代参与诉讼的民在法律上地位也是不平等的，不平等是中国古代司法的最典型特征之一。

公开宣扬人与人之间的不平等在中国先秦文献中是司空见惯的，在主张人与人之间不平等上，儒家、道家、墨家和法家达成了广泛的共识，没有任何人怀疑“少事长，贱事贵，不肖事贤，是天下之通义也”（《荀子·仲尼》）的合理性，而礼和法律也不过是贵贱等级的表达而已，先秦诸子百家的集大成者荀子就说：“礼者，贵贱有等，长幼有差，贫富轻重皆有称者也。”（《荀子·富国》）“故礼者，养也。君子既得其养，又好其别。曷谓别？曰：贵贱有等，长幼有差，贫富轻重皆有称者也。”（《荀子·礼论》）建立一个“君君、臣臣、父父、子子”（《论语·颜渊》）的等级社会是中国古代儒生们努力奋斗的目标。

在“贵贱的身份制盛行的时代，贵贱异刑是必然的”。[①]《周礼·秋官司寇》云：“凡诸侯之狱讼，以邦典定之。凡卿大夫之狱讼，以邦法断之。凡庶民之狱讼，以邦成弊之。”对不同等级的人适用不同的法律，形成了一系列有等差的法律和司法制度。一是贵族官僚在司法上享有特权。经典文献中的诸如“礼不下庶人，刑不上大夫”（《礼记·曲礼上》）、“凡命夫命妇不躬坐狱讼，凡王之同族有罪不即市”（《周礼·秋官司寇》）、“以八辟丽邦法，附刑罚：一曰议亲之辟，二曰议故之辟，三曰议贤之辟，四曰议能之辟，五曰议功之辟，六曰议贵之辟，七曰议勤之辟，八曰议宾之辟”（同上），最后都在不同程度上得到了落实和安顿，贵族官僚们享有“八议”“请”“减”和“收赎”“官当”之类的特权。士人（有功名者）即使没有当官，在司法上也享有许多特权，一般不能直接用刑，如果犯重罪，也需要去掉其功名后才能惩治。例如1653年顺治颁布上谕说：“生员犯小事者，州府县行教官责罚。犯大事者，申学黜革，然后定罪。如地方官擅责生员，该学政纠参。”（《钦定学政全书·三二·顺治十年上谕》）二是男女在法律上不平等。妇女要服从男权、夫权。三是良贱异法。在中国古代，除了士农工商外，还有杂户、官户、部曲、奴婢等贱民，其各自适用的法律制度不完全相同。四是家庭成员内部地位不平等。五服制罪，家

①陶希圣：《中国政治思想史（下）》，中国大百科全书出版社2009年版，第626页。

庭和家族内部成员也有尊卑的分野。五是民族不平等。像元和清等少数民族建立的政权，对蒙古和满族以外的民族普遍存在歧视和压迫，蒙古族和满族在法律和司法上享有特权。尊贵者在司法上享有诸多的特权，诉讼基本上不存在平等武装和对抗的可能性，对此朱熹甚至曾对皇帝上书希望下诏命令中外司政典狱之官，“凡有狱讼，必先论其尊卑上下、长幼亲疏之分，而后听其曲直之辞。凡以下犯上、以卑凌尊者，虽直不右，其不直者罪加凡人之坐”(《朱熹集·戊申延和奏札》)。朱熹主张卑贱者告尊贵者即使有理也不予以支持和保护，如果是诬告，那么就要比凡人反坐罪加一等处罚。

地位和身份不平等的人之间进诉讼，卑下者自然是极其不利的，这就需要司法官员充分发挥他们的诉讼指挥权，抑强扶弱，为小民作主，但官员和胥吏被有权有势者收买，官官相护的情况并不罕见，于是小民们都祈盼清官来为他们作主，这就产生了中国特有的清官文化。通常循吏和清官都以挫抑豪强和扶持小民为己任。例如，西汉的赵广汉“为京兆尹廉明，威制豪强，小民得职”(《汉书·赵广汉传》)，杜延年为北地太守时，“选用良吏，捕击豪强”(《汉书·杜延年传》)，尹翁归任右扶风时采取“缓于小弱，急于豪强”(《汉书·尹翁归传》)的政策，他对弱小实行宽大，对豪强就实行高压严打措施。元代的张起岩任燕南廉访使时“搏击豪强，不少容贷，贫民赖以吐气”(《元史·张起岩传》)。而明代有名的清官海瑞和汉代的循吏在思想上一脉相承，海瑞曾讲：

凡讼之可疑者，与其屈兄，宁屈其弟；与其屈叔伯，宁屈其侄。与其屈贫民，宁屈富民；与其屈愚直，宁屈刁顽。事在争产业，与其屈小民，宁屈乡宦，以救弊也。事在争言貌，与其屈乡宦，宁屈小民，以存体也。（《海瑞集·兴格条例》）

一方面海瑞强调要维护尊卑贵贱的纲常伦理，但另一方面也强调要宁屈富民、刁顽和乡宦来保护贫弱的小民。诉讼当事人在政治、经济和文化上的不平等，使贫弱者在诉讼中处于不利的地位，急需司法官员在司法过程假以援手方能实现公平正义，即司法的天平倒向弱者。

但循吏和清官毕竟是少数，地位卑贱的小民在大多数时候注定难以获得公平正义，诉讼对于他们而言常常是一场灾难，当然如果他们的家族具有坚忍不拔的意志，具有不实现公平正义就誓不罢休的勇气，相信皇帝可为其作主和撑腰，不断进行申诉，甚至越诉，一直把官司打下去，最后上达天（皇帝）听，[①]在皇帝的亲自过问下，也许能实现正义，但到那时大多数当事人早已家破人亡了。

不仅是贫民，即使是有钱的富人，如果与官宦没有结交，在朝廷中没有靠山，同样可能成为司法压迫的对象，他们常常需要

① 当然上告是不受欢迎的，其间的阻力不小，因为其行为通常被看作是目无地方官员："盖民之控于道府也，则已目无州县矣；控于督抚，又目无道府矣；至于京控，且目无督抚矣。"（《鹿洲公案·林军师》）

打点地方官员，以蚀财免灾的方式来求得平安，如果不能满足官员的要求则恐有牢狱之灾，即使是赋闲在家的乡绅也不得幸免。唐朝诗人陈子昂即是一例，其家世代都是巨富。《新唐书·陈子昂传》载：

> 圣历初，以父老，表解官归侍，诏以官供养。会父丧，庐冢次，每哀恸，闻者为涕。县令段简贪暴，闻其富，欲害子昂，家人纳钱二十万缗，简薄其赂，捕送狱中。子昂之见捕，自筮，卦成，惊曰："天命不祐，吾殆死乎！"果死狱中，年四十三。

县令段简生性贪婪残忍，听说陈子昂家很有钱，就造假案陷害他。陈子昂的家人向其进贡二十万缗还嫌少，把陈子昂逮人狱。一代文宗，甚得武则天赞赏和亲自召见，先后做过麟台正字、右拾遗的陈子昂，就这样冤死于狱中。① 富人的财富常常成为地方官员们觊觎的对象。所以，富如果不贵② 在中国古代的司法中仍然是危险的，这样的事例代代都有。宋代的唐介任平江令时：

> 民李氏赀而吝，吏有求不厌，诬为杀人祭鬼。岳守捕其家，无少长楚掠，不肯承。更属介讯之，无他验。守怒白于朝，遣御史方偕徙狱别鞫之，其究与介同。守

---

①《旧唐书·陈子昂传》的记载略有不同，云："子昂父在乡，为县令段简所辱，子昂闻之，遽还乡里。简乃因事收系狱中，忧愤而卒，时年四十余。"

②根据唐制，麟台正字只是正九品下，右拾遗为从八品上，陈子昂最高官衔时都不及一个七品的县令。

以下得罪，偕受赏，介未尝自言。(《宋史·唐介传》)

百姓李氏有钱但较吝啬，官吏索求得不到满足，就诬陷他杀人祭鬼，拘捕其全家，对老少成员都进行拷打，想置其于死地，好在他们遇到了公道的唐介和御史方偕，使其沉冤得雪，贪婪的官员们也受到追究，不然恐就死无葬身之地了。

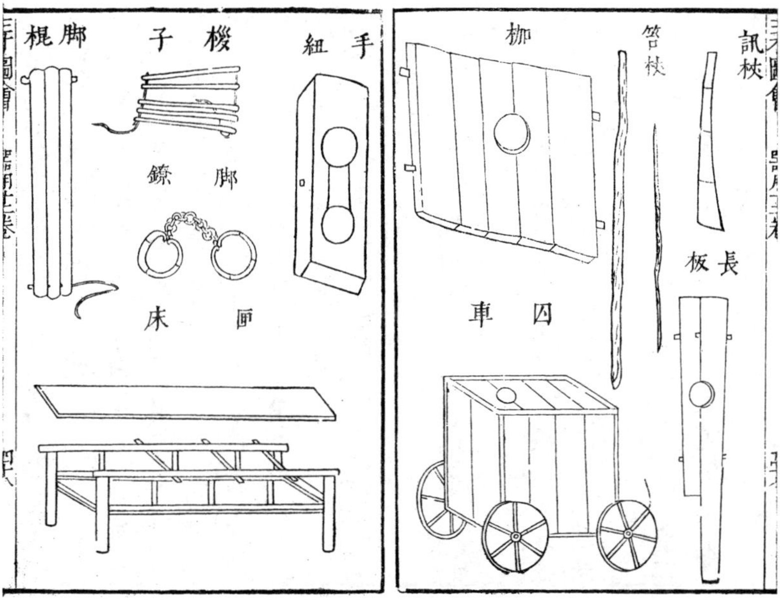

明代刑具图(《三才图会》明刊本)

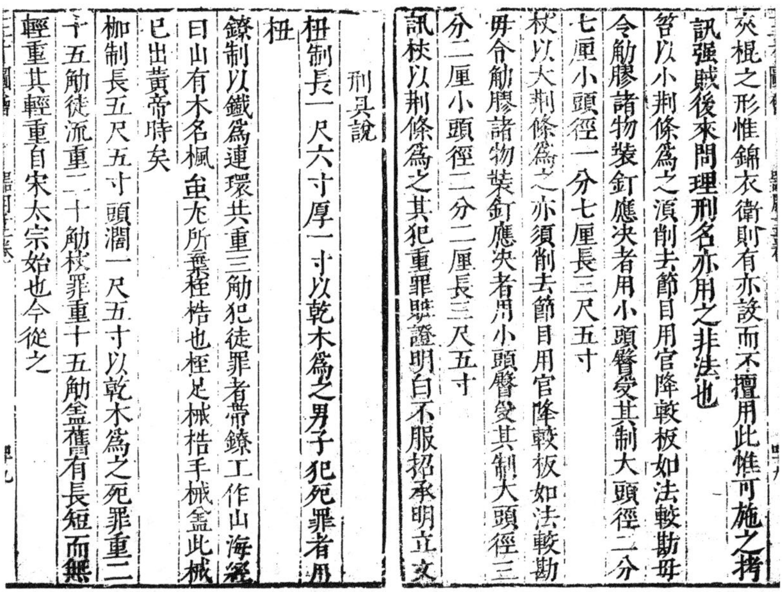

夾棍之形惟錦衣衛則有亦設而不擅用此惟可施之拷
訊强賊後來問理刑名亦用之非法也
笞以小荆條爲之須削去節目用官降較板如法較勘毋
令觔膠諸物裝釘應决者用小頭臀受其制大頭徑二分
七厘小頭徑一分七厘長三尺五寸
杖以大荆條爲之亦須削去節目用官降較板如法較勘
毋令觔膠諸物裝釘應决者用小頭臀受其制大頭徑三
分二厘小頭徑二分二厘長三尺五寸
訊杖以荆條爲之其犯重罪贓證明白不服招承明立文

刑具說
杻制長一尺六寸厚一寸以乾木爲之男子犯死罪者用
杻
鐐制以鐵爲連環共重三觔犯徒罪者帶鐐工作山海經
曰山有木名楓蚩尤所棄桎梏也桎足械梏手械盖此械
已出黃帝時矣
枷制長五尺五寸頭濶一尺五寸以乾木爲之死罪重二
十五觔徒流重二十觔杖罪重十五觔盖舊有長短而無
輕重其輕重自宋太宗始也今從之

明代刑具图说（《三才图会》明刊本）

第五章　判决依据

判决依据是法院办案必然会面临的问题，而法官依据什么来判案也是我们洞悉和了解一个社会法制文明和社会治理状况的重要窗口。在现代法治社会，刑事案件根据罪刑法定原则依据刑事法律来判决，而民事案件通常是依据民事法律规定来判决的，只有在没有法律规定时才依据政策、习惯和法理等来判决。由于现代国家的法网日益严密，法律的漏洞已十分稀少，法官在判案时选择法律以外的依据来判案的情形已不是常态。

在专制时代的中国，判决依据问题相对复杂一些，因为其司法实际存在理性与非理性两种。在非理性的司法中，案件实际是依据法官的喜怒恣意做出的，有资格如此做的当然只有皇帝和少数权贵了。本着“君叫臣死，臣不得不亡”的精神，君主以及少数从君主那里得到授权的人有权对案件作出他们想要的任何处置，即使没有事实根据，也可以“莫须有”[①]的罪名进行杀人，这就是我们在文献中经常看到的诸如“赏罚无章”“辜无罪，赏无功”“喜怒赏罚”“赏罚皆以爱憎”等词语所向我们讲述的故事。但“任刑失民心”（《明史·叶伯巨传》），经常这样干就会失去民心。根据董仲舒的天人感应和灾异谴告学说，上天就会降下灾异，甚至剥夺其天命，危及到君主统治的合法性，故在大多数情况下司法还是理性的，其大体是根据相关依据在理性、和平的状态下进行的。

在本章中，我们只研究中国古代理性的司法的判决依据，那些非理性的司法，恣意妄为的司法，实际上是无所谓判决依据的，如果要说依据那就是权贵们的喜怒和私欲罢了，故虽然这样的事情时常发生，是中国古代司法中经常上演的节目，[②]但是我们却没有必要去研究它们，因为从它们之中我们除了可以发现兽性外，其他什么也见不到。

对于正常情况下中国古代司法的判决依据，长期来国内外学界已有诸多的讨论，归纳起来代表性的观点有如下几种：一是认为

---

①史载岳飞就被秦桧等人以“莫须有”的罪名所杀害，事见《宋史·岳飞传》。

②魏征曾上书劝诫唐太宗李世民说：“权衡所以定轻重，准绳所以正曲直，今作法贵其宽平，罪人欲其严酷，喜怒肆志，高下在心，是则舍准绳以正曲直，弃权衡而定轻重者也，不亦惑哉？”（《贞观政要·论公平》）抛弃权衡和准绳，随心所欲的司法当然是没有依据的非理性司法，但即使是唐太宗也不能完全避免。

法律是中国判决的依据，甚至认为中国古代存在某种程度的罪刑法定。二是认为中国古代判决的依据是多元的，除了法律外还有天理、礼、判例、情理，等等。但在承认判决依据多元的前提下，还存在着以法律为主和情理为主以及法律和情理兼顾等多种略有分歧和争议的观点。[①]这些观点或来自于理论分析，或来自于档案的实证研究，都看到了问题的一些方面，具有一定的真理性，但是都有一定的缺陷。实际如果想用一个词来表达中国古代判决的依据，也许最恰当的词就是理，而且这个理字一点都不神秘，就是道理。中国古人认为事事都应该讲道理，打官司就是黎民百姓到官府去讲道理，要求官方为其主持公道，他们需要的只是个说法，只要这个说法（道理）足以使他们信服，就可案结事了，否则他们就会不断上告，一直达到天听，最后由皇帝裁决，而正常情况下为了向上天和天下人有个交待，皇帝的裁决当然也得讲出个道理来。

理成为中国古代判决的依据并非偶然。中国先民认为“天生烝民，有物有则”(《诗经·大雅·烝民》)，万事万物都有自身的道（规律），都有自身的道理。道是老子哲学中的高级范畴，《老子》云：“人法地，地法天，天法道，道法自然。”天地均取法于道，何况人了。对于循道和守道，中国的先贤们鲜有异议。孔子就曾

① 对此滋贺秀三、寺田浩明、黄宗智、梁治平、何勤华、范忠信、里赞、张勤等人均有论及，兹不赘述。

说：“朝闻道，夕死可矣。”（《论语·里仁》）他把闻道作为人生重要的价值追求目标。[①]而道与理是不可分离的，对此《韩非子·解老》篇阐释说：“道者，万物之所然也，万理之所稽也。理者，成物之文也；道者，万物之所以成也。故曰：‘道，理之者也。’”道是万物的原因和根据，理是构成万物的条理，理要服从道，但道也脱离不开理。理也是人事的依据，对此荀子曾教诲学生说：“凡事行，有益于理者立之，无益于理者废之，夫是之谓中事。凡知说，有益于理者为之，无益于理者舍之，夫是之谓中说。”（《荀子·儒效》）

道、理是相连的，故最迟在战国时期就产生了“道理”这一词汇，《荀子·修身》篇有“君子之求利也略，其远害也早，其避辱也惧，其行道理也勇”一句，道与理已连用。在《解老》篇中，韩非对“道理”的重要作用进行了阐释，他说：

> 夫缘道理以从事者，无不能成。……夫弃道理而妄举动者，虽上有天子诸侯之势尊，而下有猗顿、陶朱、卜祝之富，犹失其民人而亡其财资也。众人之轻弃道理而易妄举动者，不知其祸福之深大而道阔远若是也，故谕人曰：“孰知其极。”（《韩非子·解老》）

体悟和遵循道理是人安身立命之本，违背道理就将不容于世，

① 当然各家对于道的理解和诠释是存在差别的，对于各人所持道的差异，孔子是承认的，他曾说：“道不同，不相为谋。”（《论语·卫灵公》）

能否按照道理行事被看作是人事成败的关键。与此相应，人们读书和学习自然就是为了明了各种道理，而统治者施行教化，实际就是“通之以道”（《管子·幼官》），用道理开导人们，其目的无外乎是使人们接受和理解各种道理，特别是官方意识形态所主张的道理，具体来说汉以来就是使人们将三纲五常之理视为天经地义的事情。而在一个把道理看得十分要紧，甚至道理被视为最大，十分提倡和重视讲道理的文明之邦中，道理本身也就自然成了裁判人们是非的依据，即所谓“理也者，是非之宗也”（《吕氏春秋·审应览·离谓》）。同时，一个奉行“以吏为师”，十分重视教化，把教化视为为政之本的国度，司法本身即是教化的场域和工具，而司法之所以能够成为教化的工具，就在于司法是讲道理的，司法通过宣扬官方认可的各种道理，从而可达到教化的目的。正是如此，董仲舒才说：“故折狱而是也，理益明，教益行；折狱而非也，暗理迷众，与教相妨。”（《春秋繁露·精华》）审判对了，道理就更加明朗，教化就更顺畅。审判错了，就会蒙蔽真理，迷惑众人，妨害教化。司法要发挥很好的教化作用，就要把事理讲明讲透，真正做到以理服人，否则司法将不但不能促进教化，反而会防害教化。董仲舒说孔子的司法能达到“死者不恨，生者不怨”（《春秋繁露·五行相生》）的程度，这样的司法当然就不仅仅是机械地适用法条，而是需要做充分的说服工作、思想工作，把道理讲深讲透。正因为司法是以讲道理的方式来化解纠纷的，法官是讲道理的人，故中国古代的法官很早就被俗称为“理官”，[1]到官府打官司也被百姓称为叫官员“评评理”。

那司法应该讲什么样的道理呢？或者说道理在什么地方呢？认真分析文献，我们可以发现，中国古代作为判决依据的理，主要有天理（道）、儒家经义、礼、国法、人情，等等。下面笔者就作简要的介绍。

天　道

简单地说，天理就是天之理，也可以称之为天之道。先秦时代已有了“天理”这一术语，出现了诸如“好恶无节于内，知诱于外，不能反躬，天理灭矣”“人化物也者，灭天理而穷人欲者也”（《礼记·乐记》），“依乎天理”（《庄子·养生主》），以及“不逆天理，不伤情性”（《韩非子·大体》）等这样的语句，天理大致等同于人的天性和自然法则的意思，与宋以来天理的用法具有较大的差异。而由于存在神学之天和自然物质之天两种思想传统，天道也就相应地具有两种意思。在神学的语境中，天是最高的主宰，能奖善罚恶，决定世间万物的命运，而所谓天道，就是作为最高主宰者的天的意志。而在无神论者看来，天不过是自然物质而已，

①《汉书·礼乐志》云：“今叔孙通所撰礼义，与律令同录，臧于理官。”颜师古注曰：“理官，即法官也。”《汉书·艺文志》云：“法家者流，盖出于理官。”

老子和荀子都常在此意义上言天。作为自然物质，天有自身的客观规律，即“天行有常”，而这个规律也是不能违背的，故无论是神学之天还是自然物质之天，都要敬，都要顺，法天道正是中国古代政治和法制的基本准则。在此思想背景下，象天而制礼，象天而制刑，“象天所为为制度”（《春秋繁露·度制》）就是必然的选择，天是法与礼的最后根据。[①]而“做事循天理，出言顺人心”更成了许多人立身行事的基本准则。例如，林则徐赠左宗棠联就说：“行事莫将天理错，立身当与古人争。”不可伤天害理成了人们最基本的道德底线。

天道、天理的至高无上性，使其成为神圣不可侵犯的东西，成了人世间的至高法则，人定礼与法的依据，判断是非的最高准绳，自然也就成了法官判决案件时的重要依据。对此，《礼记·王制》云：“凡制五刑，必即天论，邮罚丽于事。”判定罪犯应受五刑的哪一刑，一定要遵从天理，定罪施刑一定要建立在事实基础之上。君主为了将自己的刑罚加以合法化，常常宣称自己只是代天而行罚，其所施加于臣民的刑罚是“天罚”。

“天罚”这一思想历久弥新，西周初年就诞生了，今存《尚书》中“天罚”一词共计四见。而且“天罚”思想也为后世帝王所信奉。例如，唐太宗时，长沙郡公鴬仁弘贪赃，依法当处死，但唐太宗

---

①参见何永军：《中国古代法制的思想世界》，中华书局2020年版，第77—81页。

念其年老且有功劳，就宽恕了他，仅仅将其贬为庶人而已，唐太宗对于自己不依法办事深感不安，于是召集五品以上的官员，对他们说："赏罚所以代天行法，今朕宽仁弘死，是自弄法以负天也。人臣有过，请罪于君，君有过，宜请罪于天。其令有司设藁席于南郊三日，朕将请罪。"（《新唐书·刑法志》）李世民认为自己只是代天执行法律，不依法办事，是获罪于天，打算向天请罪，最后在房玄龄等的劝诫之下才放弃了这一想法。依据天理来裁判案件，相信"天理昭昭""天理昭然""天理昭彰"，使其案件判决具有了神明裁判的味道，例如《名公书判清明集》卷七就记载了一个法官通过拈阄来解决立嗣问题的案例，鉴于家族内部事务事实难以查清，承审官最后只好"断之以天，庶几人谋自息，天理自明"，让双方当场拈阄决定。裁判官相信天会主持公道，拈阄时天会让有理者胜出。

而神学之天道思想，为儒家所信奉，汉儒董仲舒继承前人成果最终发展出系统的天人感应和灾异谴告的学说，使神学之天的学说达到了极致，在后世产生广泛影响的主要就是这种神学的天道和天理思想。而且更为重要的是，董仲舒提出了三纲五常的学说，并且将其上升到天道的高度。他说："王道之三纲，可求于天。"（《春秋繁露·基义》）使统治者所提倡的君为臣纲、父为子纲、夫为妻纲摇身一变成了天道、天理。后世所谓天道、天理，其主要内容不过是作为人道的纲常伦理而已，故讲"然则仁义，理之本也"（《贞观政要·论公平》）大家是会欣然接受的，天道天理不外乎人道，例如宋代理学家把“天理”与“人欲”对立起来，强调“不出于理则出于欲，不出于欲则出于理”，说什么“饿死事极小，失节事极大”，但其所言天理的内容也不外乎人道，具体来说就是三纲五常而已。[①]但纲常伦理这些人道一旦具有了天道、天理的名分，那么就神圣了得，必须遵从。清人戴震云：“人死于法，犹有怜之者；死于理，其谁怜之？”（《孟子字义疏证》卷上）当纲常伦理等道德教条披上天理这张皮后，其严酷程度就超过严刑峻法，是杀人不见血的软刀子，嗜血的猛兽。

经　义

本处所谓的经义，是指《诗》《书》《礼》《易》《春秋》等儒家经典的义理，儒家经典的义理是中国古代判决的又一重要依据，即经义决狱。经义决狱通常被称为“春秋决狱”，因为断案依据的主要是《春秋》的义理，之所以如此，是由于《春秋》被称为“义之大者”，记载了“先王遗道”和“人道之极”，故尤为士人重视。当然除了《春秋》之外，《礼》经也较为重要，有所谓“礼也者，理之不可易者也”（《礼记·乐记》），“分争辨讼，非礼不决”（《礼记·曲礼上》）之说。

---

①王守仁提出良知即是天理的命题，他说：“良知是天理之昭明灵觉处，故良知即是天理。思是良知之发用，若是良知发用之思，则所思莫非天理矣。”（《传习录》中）但他的良知的内容也不过是三纲五常而已。

经义之所以能够成为决狱的依据，原因是多方面的：

首先，汉武帝采纳董仲舒“罢黜百家，独尊儒术”的建议后儒学成了官方的统治学说，儒家经典被认为是真理的来源，是天道的呈现，甚至其本身就是天道，其义理成了衡量事物是非的依据，案件的裁判自然也不例外。在此意义上，依经义决狱实际就是依据天道或天理决狱。

其次，虽然早在荀子就提出了法律儒家化的命题，[①] 但是直到《唐律》才基本实现了“一准乎礼”，礼法才完成融合。同时，唐以前立法还较粗疏，法律的漏洞较多，而无论是礼法之间的鸿沟，还是法律的漏洞，都需要充分发挥司法官员的能动性加以填补。

最后，公孙弘、董仲舒及其弟子为推动“春秋决狱”做了许多工作，使其从理论变为了现实。公孙弘因精通经学，特别是《公羊春秋》，而受汉武帝重用，先后被任为左内史（左冯翊）、御史大夫、丞相之职，其“习文法吏事，缘饰以儒术”（《汉书·公孙弘传》），公孙弘熟悉文书法令及官吏公务，实际走的是法家路线，但他善于用儒术来加以文饰，即阳儒阴法，为经义进入司法领域创造了条件。张汤作廷尉时，鉴于“上方乡文学，汤决大狱，欲傅古义，乃请博士弟子治《尚书》《春秋》，补廷尉史，平亭疑法”（《汉书·张汤传》）。他让研习《尚书》《春秋》的博士弟子担任廷尉史，调平法令的可疑处，而且对像倪宽这样精通经学的属吏，

---

①参见何永军：《中国法律之儒家化商兑》，《法制与社会发展》2014年第2期。

史载其“以宽为奏谳掾，以古法义决疑狱，甚重之”(《汉书·倪宽传》)，张汤让倪宽担任上奏案件的属官，倪宽用经义决狱，深受张汤的重视，用儒家经义来决狱已成为事实。而“董仲舒老病致仕，朝廷每有政议，数遣廷尉张汤亲至陋巷，问其得失。于是作《春秋决狱》二百三十二事，动以经对，言之详矣”(《后汉书·应劭传》)，董仲舒的《春秋决狱》一书为经义决狱的传授和广泛施行奠定了基础。而董仲舒的门徒也将其经义决狱的主张贯彻到司法实践之中，史载汉武帝派董仲舒的学生吕步舒“持斧钺治淮南狱，以《春秋》谊颛断于外，不请。既还奏事，上皆是之”(《汉书·五行志》)。汉武帝允许吕步舒依《春秋》大义在外地独自断案，判决不用请示朝廷。后来吕步舒还朝奏报所办的案件，汉武帝一概加以肯定。

经义决狱得到了汉武帝的首肯，意义重大，表明最高当局已认可了这一做法，其已上升为国家意志，而不再只是个别官员的私人行为。当然公开支持经义决狱的当权者还大有其人，例如，史载：

> 始元五年，有一男子乘黄犊车，建黄旐，衣黄襜褕，著黄冒，诣北阙，自谓卫太子。公车以闻，诏使公卿、将军、中二千石杂识视。长安中吏民聚观者数万人。右将军勒兵阙下，以备非常。丞相、御史、中二千石至者并莫敢发言。京兆尹不疑后到，叱从吏收缚。或曰：“是非未可知，且安之。”不疑曰：“诸君何患于卫太子！昔蒯

聩违命出奔，辄距而不纳，《春秋》是之。卫太子得罪先帝，亡不即死，今来自诣，此罪人也。”遂送诏狱。（《汉书·隽不疑传》）

隽不疑依据《春秋》记载的春秋时期卫国太子蒯聩的故事，将声称卫太子的人逮捕并送往皇家监狱，后来廷尉审查，果然是个骗子。隽不疑依据《春秋》经义对案件的处理，得到了最高当局的首肯，汉昭帝与大将军霍光听说此事后赞赏说：“公卿大臣当用经术明于大谊。”（《汉书·隽不疑传》）经义成了维护大义的工具，而其在维护所谓大义的同时，自身地位也得到了进一步的巩固。

不过需要指出的是，经义决狱只是依法判案的重要例外，它是指当法官未依法作出判决时，他可从儒家经典的义理中找到有力的理由来为其判决的合法性进行辩护。近代学者程树德撰的《九朝律考》对现存文献中汉、魏、晋、后魏、北齐和后周“春秋决狱”的史料一一作了整理和汇总，现存总共大概有五十件案例，这只是历史上经义决狱案件的一小部分，实际发生的案例应该比这保存的多得多。但由于经义决狱常常需要得到当事人（使其心服）、上级官吏甚至皇帝的认可，其要运用于所有案件显然是不可能的。

董仲舒之后为经义决狱作出过重要贡献的还有东汉末年的应劭，其本传云其曾在继承和总结前人成果的基础之上编写了《春秋断狱》一书。但汉至唐影响最大的仍然是董仲舒的《春秋决狱》，根据《旧唐书·经籍志》和《宋史·艺文志》的记载，唐宋时董仲舒的《春秋决狱》尚存于世，只是宋以后才失传，不再见于记载。这大概是“一准乎礼”的《唐律疏议》问世后，儒家思想已在法典中得到了充分的体现，而且官方也十分强调要依法办案，经义决狱的场合和空间已十分有限，董仲舒的《春秋决狱》一书逐渐失去了市场，再没有读者以致最终失传，故经义决狱发端于西汉武帝时期，经历数百年后到唐时衰落。

但是经义决狱在后世也没有完全断绝，经义仍然是裁判疑难案件是非的不二法门。解决法律适用的疑难问题一直都是经义的重要价值，这是自经义决狱一开始就产生的传统。例如，北魏太平真君五年（445年），朝廷即“以有司断法不平，诏诸疑狱皆付中书，依古经义论决之”（《魏书·刑罚志》）。《北史·高允传》也载：“始真君中，以狱讼留滞，始令中书以经义断诸疑事。”将各种疑难案件交付中书省依照古经义判决，被认为是实现公平的重要途径，经义决狱的主要任务就是解决疑难案件。关于经义对于解决疑难问题的作用，汪辉祖曾在《佐治药言》的《读书》一文中有如下论说：“幕友佐官为治，实与主人有议论参互之任，遇疑难大事，有必须引经以断者，非读书不可。”因为遇到疑难大事，必须引经以断之，故汪辉祖认为不可不读书。同时后世一些儒臣断案仍然喜欢缘饰儒术，搞经义决狱。例如，宋代的杜纮任永年县令，“每议狱，必傅经谊”（《宋史·杜纮传》），他喜欢用经义来认定案件的法律性质。又如袁枚由翰林改授上元县令，人称“风骨铮然，不阿权势，引经折狱，有儒吏风”（《谐铎》卷十一）。《谐铎》系文学作品，并不可靠，但有这样的言论，说明时人对引经折狱是较为认可的。

经义决狱以“原心定罪”为指导原则，《盐铁论・刑德》云：“故《春秋》之治狱，论心定罪，志善而违于法者免，志恶而合于法者诛。”即根据犯罪者的主观动机来定罪量刑。如果犯罪人的主观意图是好的，哪怕违背了法律规定也应该免于处罚。相反，如果行为人主观动机是恶劣的，即使其行为合乎法律规定，也要加以处罚。对此，董仲舒讲得很清楚。他说：“春秋之听狱也，必本其事而原其志。志邪者，不待成；首恶者，罪特重；本直者，其论轻。”（《春秋繁露・精华》）

经义决狱的利弊，前人多有评论，早有深刻认识，其利在于为司法官员充分发挥主观能动性、行宽仁之刑创造了条件，有利于弥补法律制度的僵化和死板，其弊在于为官员不循法律、主观臆断、任意出入人罪、徇私枉法开了方便之门。

国　法

天道（理）悬远，经义也太暧昧，所有案件都直接求之于天道（理）和经义是不现实的，它们只能是例外，依据法律判案才是经济和可行的。而且如果法律本身就是天道（道）和经义的表达，那么依据法律判案实际也就是依据天道（道）和经义决狱了，这一理论上的构想到唐朝时基本实现了，《唐律》“一准乎礼”，法律与所谓天道（理）和经义基本上融合为一，唐以来依法办案成了朝野更加广泛的共识。

需要指出的是，虽然后来天道和经义摇身一变成了法律制定的依据，判断法律是非得失的准绳，成了法律之上的高级法，[①]但实际上在中国依据法律判决案件比依据天道（理）和经义裁决要古老得多。早在西周初年，依据法律判决案件就已是一种基本要求和习惯性做法了。例如，周公曾代成王训诫康叔说："外事，汝陈时臬，司，师兹殷罚有伦。"（《尚书·康诰》）周公要求处理诉讼案件一定要陈列公布有关的法律。公布法律当然是为了依法办事，不然就是多此一举了。《尚书·吕刑》也说："勿用不行，惟察惟法，其审克之。"明察事实、依法办事是《吕刑》的基本内容和要求。董仲舒说孔子的司法是"据法听讼，无有所阿"（《春秋繁露·五行相生》），依法办案是公正的基本要求。

战国时期继承依法判案的传统，并将其发扬光大的是法家，法家眼中只有法律，主张依法治国，事事都"一断于法"，"境内之民，其言谈者必轨于法"（《韩非子·五蠹》），依法断案自然也就是其最基本的主张。对此，法家文献中多有论述：一是要求官员精通法律。商鞅主张："主法令之吏有迁徙物故，辄使学读法令所谓。为之程式，使日数而知法令之所谓，不中程，为法令以罪

①宋神宗曾说："法出于道，人能体道，则立法足以尽事。"（《宋史·刑法志一》）

之。”（《商君书·定分》）主管法令的官吏，若有升迁调动或死去，立刻就命人学习法令的内容。为他做出规划，让他几日内要通晓法令的内容，不能按照规划完成，就用法令惩罚他。二是不允许官员对法律作任何改动。商鞅主张：“有敢剟定法令一字以上，罪死不赦。”（同上）若有胆敢删改法令而增减一个字以上的，就要处死刑绝不赦免。三是不允许以任何借口阻挠法律的实施。法家主张不但臣民要守法，而且君主本人也要遵守法律，严格按照法律来进行赏罚，即“使法量功，不自度也”（《管子·明法》）。商鞅说：“法已定矣，不以善言害法。”（《商君书·靳令》）明确主张法度已经确定，就不应该用那些所谓仁义道德的空谈来妨碍法度。四是对不依法办事的官员进行严惩。对于不依法办事的官员，商鞅主张进行严惩。商鞅说：“守法守职之吏，有不行王法者，罪死不赦，刑及三族。”（《商君书·赏刑》）五是反对赦免犯罪人。法家认为“明君无偷赏，无赦罚”（《韩非子·主道》），圣明的君主不会随便给予赏赐，不会赦免应该给予的刑罚。“是故明君之蓄其臣也，尽之以法，质之以备。故不赦死，不宥刑，赦死宥刑，是谓威淫。”（《韩非子·爱臣》）英明的君主让臣民完全按照法律办事，不赦免死罪，不减轻刑罚，因为赦免死罪，减轻刑罚，会使威权散失，大权旁落。

法家学说是秦朝的统治学说，在厉行法治的秦朝，法律自然是判决案件的依据。汉武帝以来虽然儒学取代法家学说成了官方的统治学说，并出现了经义决狱的理论和实践，但是依法办案的传统还是延续了下来，法律仍然是大多数案件的判决依据，甚至出现了近似于罪刑法定的思想。例如，西晋三公尚书刘颂就明确提出“又律法断罪，皆当以法律令正文，若无正文，依附名例断之，其正文名例所不及，皆勿论”（《晋书·刑法志》）的主张，在他看来律和例均无规定的行为不得追究。同时他反对法官不依法判决案件，而采用所谓的临时权宜办法来处置案件。他说：“今限法曹郎令史，意有不同为驳，唯得论释法律，以正所断，不得援求诸外，论随时之宜，以明法官守局之分。”（同上）隋文帝制定《开皇律》，设律博士弟子员，要求“断决大狱，皆先牒明法，定其罪名，然后依断”（《隋书·刑法志》）。判决大案，都先在简牒上写明法律，确定罪名，然后依法断案。后来隋文帝发现律生们玩弄法律，使生杀的权柄常常被小人所掌控，因而废除了律博士，但仍然命令“自是诸曹决事，皆令具写律文断之”（同上）。而“一准乎礼”的《唐律》的问世，天道和经义皆完备于法律之中，抛开法律再另搞一套也没有必要，同时也不为当局所容许，故《唐律疏议·断狱》明确规定：“诸断罪皆须具引律、令、格、式正文，违者，笞三十。”不依据法律裁判案件将受到法律的惩处，法律是判决的法定依据，沿袭至清末而不废。

人　情

人情在古汉语中是一个多义词，时言人的感情。例如，《礼记·礼运》云："何谓人情？喜、怒、哀、惧、爱、恶、欲，七者弗学而能。"时言人之常情。例如，《庄子·逍遥游》云："大有径庭，不近人情焉。"时言人心、民情。例如，《汉书·文帝纪》云："今万家之县，云无应令，岂实人情？"时言交情、情面。例如，李渔的《奈何天·计左》云："人情留一线，日后好相见。"时言礼物和应酬，等等。此处所讲的作为判决依据的人情，主要指人之常情、人心、民情、民众的意愿，等等。

中国西周初年的政治精英开创了一个民本主义的思想传统，其言论散见于传世的《尚书》和《春秋》之中。一方面，他们把天拔高到至上神的地位；但另一方面，他们又认为天和天道一点也不神秘，天道从人，民心即天心，民意即天意，故政治法律始于"法天道"而终于"顺人情"。[①]法律（包括礼）虽是天道，而终不外乎人情，正是中国古代一大独特的思想传统。《尚书》《春秋》以降的历代文献中类似的思想和言论不胜枚举。例如，《礼记·丧服四制》云："凡礼之大体，体天地，法四时，则阴阳，顺人情，故谓之礼。"《史记·礼书》云："余至大行礼官，观三代损益，乃知缘人情而制礼，依人性而作仪，其所由来尚矣。"《礼记·坊记》云："礼者，因人之情而为之节文，以为民坊者也。"《盐铁论·刑德》云："法者，缘人情而制，非设罪以陷人也。"《三国志·魏书·高

①参见何永军：《中国古代法制的思想世界》，中华书局2020年版，第77—83页。

堂隆传》云："民怒吁嗟，则威以六极，言天之赏罚，随民言，顺民心也。"《南史·何尚之传》云："凡创制改法，宜顺人情，未有违众矫物而可久也。"《宋书·傅隆传》云："原夫礼律之兴，盖本之自然，求之情理，非从天坠，非从地生。"《北史·隋本纪》云："夫礼不从天降，不从地出，乃人心而已者，谓情缘于恩也。"《旧唐书·礼仪志》云："臣闻礼所以决嫌疑，定犹豫，别同异，明是非者也。非从天降，非从地出，人情而已矣。"《宋史·唐介传》云："自古欲治之主，亦非求绝世惊俗之术，要在顺人情而已。"《明史·礼志》云："礼顺人情，可以义起。所贵斟酌得宜，随时损益。"

在儒家思想的影响下，汉代出现了称为循吏的官员。《史记》和《汉书》均有《循吏列传》。据颜师古的注解："循，顺也，上顺公法，下顺人情也。"同样，司马贞《史记索隐》将循吏直接解释为"本法循理之吏"。作为循吏，既要认真执行国家的法令，同时其执法还要合乎人情，不得违背人民的意愿。因为在儒家的思想传统里，法律不外乎天道，而天道不外乎人情（民众的心愿），天道、法律和人情实乃精神相通，水乳交融，不相违背。汉代循吏人数虽少，但却诚如余英时所言："在中国文化史上的长远影响还是不容低估的。宋、明的新儒家在义理的造诣方面自然远越汉儒。但是一旦为治民之官，他们仍不得不奉汉代的循吏为最高准则。"①

①余英时：《士与中国文化》，上海人民出版社2003年版，第183页。

故在这样的思想传统之下，宋人胡石壁在判语中讲："殊不知法意、人情，实同一体，循人情而违法意，不可也；守法意而拂人情，亦不可也。权衡于二者之间，使上不违于法意，下不拂于人情，则通行而无弊矣。"（《名公书判清明集》户婚门）这一点也不奇怪。①

而执法司法要讲人情，绝不只是部分司法官员们的意识，相反，也为最高当局所赞同，得到皇帝们的首肯。魏征向唐太宗进言说："是以为法，参之人情。"（《贞观政要·论公平》）魏征主张执法应该参考人情，得到了李世民的肯定，获赐绢三百匹的奖励。而当李世民察知执法中存在"有司断狱，多据律文，虽情在可矜，而不敢违法"的情况时，自叹"守文定罪，或恐有冤"，于是下诏说："自今门下省有据法合死而情在可矜者，宜录状奏闻。"（《贞观政要·论刑法》）唐太宗也认为司法应该在依法判决的同时为人情留一个后门，只不过，这个对犯死刑而"情有可矜"者的宽恕决定权只能由皇帝独享，其他人不得染指。又如，天圣四年（1026年），宋仁宗下诏说："朕念生齿之蕃，抵冒者众。法有高下，情有轻重，而有司巧避微文，一切致之重辟，岂称朕好生之志哉？其令天下死罪情理可矜及刑名疑虑者，具案以闻。有司毋得举驳。"（《宋史·刑法志一》）对于死罪情理可矜及刑名疑虑者，仁宗愿意亲自过问一下，看看是否能为其寻找到活路。而有时为了便宜行

①清人余廷灿在《存吾文稿·杂著·捕奸议》中也说："情也，法也，理也，同实而异名者也。揆之情而不安，则俱不安也。"

事，皇帝也给大臣们先决后奏的权力。例如，宋高宗时就曾下诏说："杂犯死罪有疑及情理可悯者，抚谕官同提刑司酌情减降，先断后闻。"（《宋史·高宗本纪》）

当然以人情断案，由于人情边界不清，常常也存在是非不定的问题，远没有法律明确、操作性强。对此，金世宗就曾反对以人情断案："上以法寺断狱，以汉字译女直字，会法又复各出情见，妄生穿凿，徒致稽缓，遂诏罢情见。"（《金史·刑志》）金世宗以官员们各自根据情理提出不同意见，穿凿附会，徒然使办案拖延，于是下令取消法官根据情理对判决提出不同意见。但对此其继承者金章宗表现出了莫大的理解和支持。他说："或言法官不当出情见，故论者纷纷不已。朕谓情见非出于法外，但折衷以从法尔。"（同上）章宗对于法官根据情理提出不同意见表示赞同，认为这并非超出于法律之外，只是加以折衷来适合法律罢了。并继续评论说："科条有限，而人情无穷，情见亦岂可无也？"他认为法有限而情无限，应当允许法官根据人情事理提出不同的意见。

在朝野上下均认同天理、经义、法律和人情兼顾的情况下，那种死抠法律办案的官员受到了批判。例如，三国时魏国的高堂隆就曾在上疏中说："今有司务纠刑书，不本大道，是以刑用而不措，俗弊而不敦。"（《三国志·魏书·高堂隆传》）在他看来，主管官员遇事死抠刑法条文，不能依据常理，以致刑法用了而不能制止犯罪，风俗败坏而人心不古，实在是太糟糕。

那么究竟应当如何参考人情来断案呢？对此，《礼记·王制》

有经典的阐释。其云："凡听五刑之讼，必原父子之亲、立君臣之义以权之，意论轻重之序、慎测浅深之量以别之，悉其聪明、致其忠爱以尽之。"凡审理应判处五刑的案件，一定要从体谅父子的亲情、确立君臣关系大义的角度，来进行权衡；要考虑犯罪情节的轻重程度，审慎地分析作案动机的深浅分量，来区别对待；要充分发挥自己的聪明才智，奉献自己的忠君爱民之心，来彻底弄清案情。这就是一个忠君爱民的司法官员综合情理法断案应该具有的样子。

法官依据人情，依据人们的意愿来裁判，走向极端就不但不顾及法律，甚至连事实都全部抛弃不问。幸元龙审理万俟卨后人与岳飞家争夺田地一案即是如此：

> ［幸元龙］初尉京邑时，万俟卨之孙与岳飞家争田，岁久不能决。府委元龙裁断，积案如山，元龙并不阅视，即拟云："岳武穆一代忠臣，万俟卨助桧逆贼，虽籍其家，不足以谢天下。尚敢与岳氏争田乎？"田归于岳，卷付于火，时论韪之。(《宋史翼》卷二十二《幸元龙传》)

万俟卨是秦桧的党羽，谋害岳飞的奸臣，幸元龙对案件的处理既没以事实为根据，也没有以法律为准绳，而完全以人们对岳飞和万俟卨的爱憎为依据进行裁判，虽然不合法，但却符合社会公众的愿望，故当时的舆论都肯定了幸元龙的做法，并不以其为非。

对于相信道理最大的古代中国人来说，打官司就是去说理讲理的，而他们所讲的理是多元的，包括天理、儒家的经义、国法和人情诸端。清代河南内乡县衙二堂的屏门上悬挂着的“天理、国法、人情”六个大字即是对这种多元裁判依据的最好诠释。[①]在中国古人的世界里面，这些东西都是他们认可的道理，都足以说服他们。相应的，官员对案件如何判决和处理本身并不是最重要的，最重要的是能讲出使所有参与者都心服口服的道理，最终案结事了，社会归于和谐无讼的状态。对此，南朝裴子野就是这方面非常好的典型，史载其“出为诸暨令，在县不行鞭罚，民有争者，示之以理，百姓称悦，合境无讼”(《梁书·裴子野传》)。裴子野出任诸暨令，在县任职时不实行鞭罚，百姓有争执者，向他们明示道理，百姓称赞，全境无诉讼事件。通过讲道理进行教化，凭借教化实现治理，这是儒家所推崇的德治方式。而谢庄在向南朝宋孝武帝刘骏上的一封奏表中，则把司法应当做到以理服人讲得十分明白，他说：

> 自今入重之囚，县考正毕，以事言郡，并送囚身，委二千石亲临核辩，必收声吞衅，然后就戮。若二千石不能决，乃度廷尉。神州统外，移之刺史；刺史有疑，亦归台狱。必令死者不怨，生者无恨。(《宋书·谢庄传》)

谢庄主张：一定要让囚犯不再申辩，低头服罪，然后才送去行刑。

---

①到了清代，儒家经义早已融入到了法律之中，同时其早已被人看成是对天道、天理的诠释，故经义也就没有再作为一种独立类型而存在的必要了，天理、国法、人情是对中国专制时代司法判决依据的最后总结。

案件的处理一定要做到死者无所怨恨，生者无所遗憾。而这除了以理服人外，别无他途。这就要求司法不但要征服违法犯罪者的肉体，而且要征服他们的心灵，使他们清楚自己是死于理，怪不得别人。正是在这个思想语境里，我们才能很好地理解诸如“无供不录案”，强调办事一定要获取被告人的口供，即使“赃仗证佐明白”，仍然要求必须获得被告人的口供，如果被告人不自认则要对其刑讯以逼供之类做法的用心。口供之所以如此关键和被看重，正是因为它是被告人认罪、服罪最直接的表现，无此不能表明其已心服口服。当然道理的多元，判决依据的复杂，也给断案的官员们留下了较多的能动性空间，司法因承办官员的不同而具有鲜明的个性。

中国古代这种对理的追求，具有积极意义，它使中国古代的正常司法具有较高的客观性，充满了理性精神。当然这种法律和司法的客观理性精神，早在先秦就为法家所倡导了，韩非曾说：“今有功者必赏，赏者不得君，力之所致也；有罪者必诛，诛者不怨上，罪之所生也。民知诛罚之皆起于身也，故疾功利于业，而不受赐于君。”（《韩非子·难三》）有功劳的一定奖赏，受到奖赏的人并不感谢君主的恩德，因为这是他出力得来的；有罪过的一定处罚，受处罚的人也不抱怨君上，因为这是他的罪过造成的。民众知道受罚受赏的原因都在于自己，所以急于在自己的事业上谋求功利，而不接受君主的恩赐。法家希望赏罚与统治者，特别是君主个人一时的情感喜好没有任何关系，而是基于客观的现实情由。在《用人》篇中，韩非又说："故至治之国，有赏罚而无喜怒。"赏罚的客观性是法家的一个重要核心观点。法家的这一思想，被后人所继承了下来，董仲舒就曾说："泛爱群生，不以喜怒赏罚，所以为仁也。"(《春秋繁露·离合根》) 君主节制自己的情欲以维护法律的稳定性和赏罚的客观性，被看作是仁政的重要内容之一而受到推崇。

埜則鄒氏之謀殺一家非死罪二人者.起意及同謀加功二人.平湖則犯竊而故殺其妻者.有毛氏一人.竊盜臨時行強而拒殺事主者.有唐氏一人.其他無入情實者.皆於初報時與居停再三審慎.是以秋審之後.俱得邀恩緩減.是知生固未嘗不可求也.

慎初報

獄貴初情.縣中初報最關緊要.駁詰之繁.累官累民.皆初報不慎之故.初報以簡明爲上.情節之無與罪名者.人證之無關出入者.皆宜詳審節删.多一情節.則多一疑竇.多一人證.則多一拖累.何可不慎.辦案之法.不唯入罪宜慎.即出罪亦甚不易.如其人應抵.而故爲出之.即死者含冤.向嘗聞鄉會試場坐號之內.往往鬼物憑焉.余每欲出人罪.必反覆案情.設令死者於坐號相質.有詞以對.始下筆辦詳.否則不敢草草動筆.二十餘年來.可質鬼神者.此心如一日也.

命案察情形

命案出入.全在情形.情者、起衅之由.形者、爭毆之狀.衅由曲直.秋審時之爲情實、爲緩決、爲可矜.區以別焉.爭毆時所持之具.與所傷之處.可以定有心無心之分.有心者爲故殺.必干情實.無心者爲鬬殺.可歸緩決.且毆狀不明.則獄情易混.此是出入最要關鍵.審辦時必須令仵作與兇手照供比試.所敍詳供.宛然有一爭毆之狀.鑿鑿在目.方無游移干駁之患.

盜案慎株累

賊眞則盜確.竊賊亦然.正盜正竊.罪無可寬.所尤當慎者.在指扳之人.與買寄賍物之家.往往擇殷而噬.藉端貽累.指扳之人.固須質審.其並無實據者.亦可摘釋.至不知情而買寄賍物.律本無罪.但不得不據供查弔.向嘗不差捕役.止令地保傳諭.檄內注明有則交保.不須投案.無則呈剖.不許帶審.亦從無匿賍不繳.自干差提者.此亦保全善類之一法.蓋一經差提.不唯多費.且竊盜拖累.幾爲鄉里之所不齒.以無辜之良民.與盜賊庭質.非賢吏之所忍也.

嚴治地棍

吏治以安良爲本.而安良莫要於去暴.里有地棍.比戶爲之不寧.訛借不遂.則造端訐告.其尤甚者.莫如首賭首娼.事本無憑.可以將宿嫌之家.一網打盡.無論寃未即雪.即至審誣.而破家蕩產.相隨屬矣.惟專處原告.不提被呈.則善良庶有賴焉.惟是若輩倚胥吏爲牙爪.胥吏倚若輩爲腹心.非賢主人相信有素.上水之船.未易以百丈牽矣.

讀律

幕客佐吏.全在明習律例.律之爲書.各條具有精蘊.仁至義盡.解悟不易.非就其同異之處.融會貫通.鮮不失之毫釐.去之千里.夫幕客之用律.猶秀才之用四子書也.四子書解誤.其害止於考列下等.律文、解誤.其害乃至延及生靈.昔有友人辦因姦拐逃之案.意在開脫姦夫.謂是姦婦在逃改嫁.並非因姦而拐.後以婦人背夫自嫁.罪干繯首.駁詰平反.大費周折.是欲寬姦夫之遺.而幾入姦婦於死.所謂知其一不

清・汪辉祖《佐治药言》内文(丛书集成初编本)

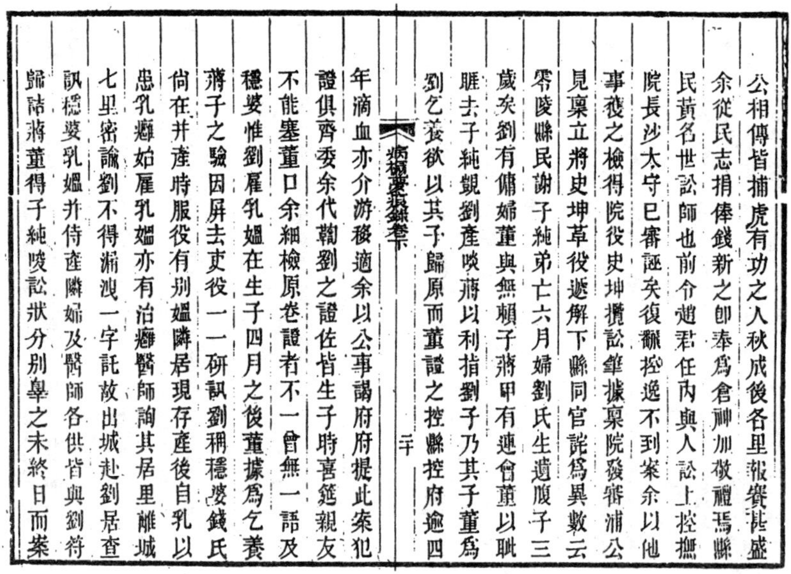
公相傳皆捕虎有功之人秋成後各里報賽甚盛
余從民志捐俸錢新之即奉爲倉神加敬禮焉縣
民黃名世訟師也前令趙君任內與人訟上控撫
院長沙太守已審誣矣復瀆控遞不到案余以他
事獲之檢得院役史坤攬訟筆據稟院發審浦公
見稟立將史坤革役遞解下縣同官詫爲異數云
零陵縣民謝子純弟亡六月婦劉氏生遺腹子三
歲矣劉有傭婦董與無賴子蔣甲有連會董以耽
賭去子純覬劉產唆蔣以利指劉子乃其子董爲
劉乞養欲以其子歸原而董證之控縣控府逾四

病榻夢痕錄卷下　二十

年滴血亦介游移適余以公事謁府府提此案犯
證俱齊委余代鞫劉之證佐皆生子時喜筵親友
不能塞董口余細檢原卷證者不一會無一語及
穩婆惟劉雇乳媪在生子四月之後董據爲乞養
蔣子之驗因屏去吏役一一研訊劉稱穩婆錢氏
尚在并產時服役有捌媪鄰居現存產後自乳以
患乳癰始雇乳媪亦有治癰醫師詢其居里離城
七里密諭劉不得漏洩一字託故出城赴劉居查
訊穩婆乳媪并侍產鄰婦及醫師各供皆與劉符
歸詰蔣董得子純唆訟狀分別擧之未終日而案

清·汪辉祖《病榻梦痕录》内文(续修四库全书本)

第六章　方法技艺

“凡立功名，虽贤，必有其具，然后可成。”（《吕氏春秋·审应览·具备》）中国古人并非只讲贤德，对于条件、技术和方法也是较重视的。司法是一门技术活，纠纷的解决离不开相应的方式方法，而审视相关司法方式方法是我们了解具体司法的本质和独特之处的最佳门径之一。故最后就让我们来看看中国古代司法官员究竟是如何办案的，其司法的具体方法和技艺究竟怎么样。[①]

在本章中只准备对中国古代司法官员们（特别是州县官员们）查清、审清案件事实所采用的方法作一考察。在中国古代，不存

①对此问题早已有学者从多方面论及，例如徐忠明就在《情感、循吏与明清时期司法实践》一书专门讨论了明清循吏的司法技艺问题，他认为调处息讼与哀敬折狱，破案智慧与超验神判都属于司法技术的不同侧面，参见徐忠明:《情感、循吏与明清时期司法实践》，上海三联书店2014年版，第171页。对此笔者表示赞同，关于司法的方法和技术问题可从多角度和侧面进行概括和归纳，不存在唯一的标准答案。

在控审分离的原则，官员们集侦查、起诉和审判职能于一身，[①]对于他们来说办理案件（特别是刑事案件）核心任务就是查清案件事实，整个司法过程均以破案为中心，案件的处理只是还原案件事实后水到渠成的事情。虽然重实体轻程序这个通常贴在中国古代司法身上的标签并不完全准确，但是重视案件本来的是非曲直，试图把案件查个水落石出，为查明案情而无所不用其极，时常达到了令人不寒而栗的地步，确实是中国古代司法的一大特点。例如，后晋高祖石敬瑭在后唐闵帝时任中书令，曾指使人办理过如下一个案件：

> 有店妇与军士讼，云“曝粟于门，为马所食”。而军士恳诉，无以自明。帝谓鞫吏曰：“两讼未分，何以为断，可杀马刳肠而视其粟，有则军士诛，无则妇人死。”遂杀马，马肠无粟，因戮其妇人。（《旧五代史·晋书·高祖本纪一》）

妇人与士兵因为马是否吃小米而发生争执，这本是一桩简单轻微的民事纠纷，但为查明案情，石敬瑭命令人杀马查看其肠胃中是否有小米，这样虽然能迅速查明案情，但代价实在是太大，而因为马食小米的争执而杀人，则更是愚蠢、野蛮和残暴。而更令人

---

①不过中国古代对于起诉和审判的对象也有一定的限制，唐代规定必须依告状鞫狱，除非在搜查、缉捕时，发现其他犯罪，否则，“若于本状之外，别求他罪者，以故入人罪论”（《唐律疏议·断狱》）。《明律·断狱》和《清律·断狱》均有类似的规定。

遗憾的是，史家对其办案方式还极尽溢美之词，说什么“境内肃然，莫敢以欺事言者”(同上)，并不以为非，这说明在中国古代社会对这样的办案方式是基本认同的。而且人们时常也不惜采用各种极端的手段来证明自己的清白，这成了文学创作的重要题材，例如,《劝戒四录》卷三《顾宦》和《闲谈消夏录》卷四下《贾荃》就分别讲了一个寡妇和一个未出嫁的女子被诬有身孕而在法庭上剖腹以自证清白的故事，让人读后扼腕叹息。

而诸如“小大之狱，虽不能察，必以情”(《左传·庄公十年》),“起讼不骄”(《管子·大匡》),“令国子以情断狱”(同上),“赏贵适理，罚在得情”(《隋书·刑法志》),“听讼惟明”(《旧唐书》卷八十五)等诸如此类的论断里面，包含的也正是这种对案件事实执着追求的思想。当然这是不奇怪的，查清案件事实是实现公正的基本要求，如果完全漠视案件事实，那么也就无所谓公正。

不过要特别强调的是，所谓查清案件事实，事实上只需达到司法官员自身确信的程度即可，只要官员确信某人有错、有罪，即使没有什么证据，其人不承认，通常只需用刑使其招供画押，再拼凑一些证据即可结案了事，所以冤假错案在所难免。不过也不要太担心官员们胡作非为，因为皇帝们早想到了这一层，为了防止官员们失职办错案件，古代中国建立了严厉的司法责任追究制度，因为办错案件而丢官、获刑，甚至杀头的大有人在，所以为了自身的前途和身家性命计，官员们的确信也常常并非没有一点根据。不断地制造冤案，不断地申冤平反，这就是中国古代司法的基本图景。申冤平反是帝国司法所需要的，因为这可不断地再生产出皇帝乃至整个王朝的合法性，不断地确认皇帝的最高权威。

虽然中国古代存在官纠举，但“民不告，官不理”仍然是其起诉的基本形态，大多数案件的启动依靠相关人的自诉、举告、自首，案件告官后，中国古代的司法官员们究竟是用什么方法来侦破案件，还原案件事实真相，建立起对案件事实的内心确信的呢？这是我们很想知道的。但这个提问本身就存在一定问题，我们实际只应该问某一个具体官员他是如何查明案情的，而不能笼统地问中国古代的司法官员是用什么方法查明案情的。因为在中国古代，官员们的权力很大，约束相对较小，地方官员在其治下基本上拥有生杀予夺的权力，事无巨细只要他愿意都可以管，都有权力管，时常连捕蛙、[①]私自宰杀耕牛、贫民的安葬、孤女的嫁人[②]等这些小事情政府都要管理和过问。地方政府虽然只是一个治理能力有限、不得不推行简约治理的政府，但它仍然是一个全能的政府。官员们在忠君爱民的旗号下可自由发挥的程度和范围十分宽广，基本上是“神而明之，存乎其人”(《易・系辞上》)。就司法来说，国家对具体程序规定得太少，如何操作主要靠个人的

①《增广智囊补》卷十《马光祖》载马裕斋任处州知州时禁民捕蛙。

②《宋史・沈遘传》载：“(沈遘)知越州，徙杭州。为人疏隽博达，明于吏治，令行禁止。民或贫不能葬，给以公钱。嫁孤女数百人。”

领悟和发挥，具体办案的方式和方法也就因人而异，其间不乏一时之智，一时之仁，但许多东西都难以固定和复制，基本上是人亡政息，这正是中国古代司法运作的特点。这是我们在讨论此问题时，首先要明确的。但在诸多个性化的东西之外，作为知识积累下来的一些基本的套路和技术还是存在的，下面就择其要点作一介绍。

悬　赏

中国先贤认为赏罚是治国的两种基本手段，为了调动大家与犯罪进行斗争的积极性，让犯罪人无容身之处，法家倡导重赏告奸，商鞅认为“赏施于告奸，则细过不失”（《商君书·开塞》），在秦国变法时即推行和实施“告奸者与斩敌首同赏，匿奸者与降敌同罚”（《史记·商君列传》）的制度，使国人皆为政府之耳目，使犯罪者无处隐藏。虽然商鞅本人最后就死于自己推行的这一制度，但其告奸赏、匿奸罚的思想和做法仍然受到了韩非的大加赞赏，其明确提出“伍、官、连、县而邻，谒过赏，失过诛”（《韩非子·八经》）。

汉武帝以来儒学成了正统，虽然儒家满口仁义道德，并倡导大家见贤思齐，立意相当高远，但通经致仕的儒生们在现实中仍然接受了法家物质主义的观念，对“重赏之下，必有勇夫”深信不疑，法家告奸赏、匿奸罚的思想在后世法律制度中多有体现，可以说成了一项基本的法制原则。同时，司法官员们也常常将悬赏作为侦办案件的重要方法之一。

例如，宋人章定撰写的《名贤氏族言行类稿》卷六十载崔安潜为西川节度使时，“出库钱千五百缗，分置三市，榜其上曰：‘能告捕一盗，赏钱五百缗。同侣告捕，释其罪，赏同平人。’”不久即有盗贼捕同伙来告，崔安潜兑现了承诺，致使“诸盗相疑，散逃他境”。这可谓是通过奖赏实现了以盗治盗的目的，但这要以官员能够兑现不追究和奖赏捕捉自己同伙强盗为前提，官员基本拥有制定法律的权力才可能成就这等美事。① 而制定法律的权力原则上由君主掌握，故有些官员便使用包括欺骗在内的方法来达成目的。依据清朝法律规定，盗墓本应处以绞刑，但身为山东武城知县的厉惕斋故意说罪当杖四十，他要杖其八十，并承诺通风报信赏若干，人赃并获赏若干。不久就有人来报信，案子得以顺利告破，最后依法对犯罪人处以了绞刑。告者云：“吾向以为杖罪，而不知为死罪也，是吾以数十贯赏钱而丧其一命也，悔甚。”厉惕斋坦承这是自己下的圈套，宣称只处杖刑，罪犯就不会逃远，告发的人认为只是处杖刑，告发无妨，还可得几个赏钱，会乐意来告，他说这个办法“果竟历历不爽”（《梦谈随录》卷下），使用类似的

① 需要指出的是，在中国古代地方官员常常事实上具有进行地方立法的权力，只要其出发点是忠君爱民，其规定与儒家的经义和国家的基本法律无违，具有正当理由，皇帝都基本会同意并不加追究，故中国古代官员的自由活动空间是较大的。

方法在其宦游生涯中多次获得成功。但欺骗的办法在一个地方只可行一次，重复使用就不管用了，而且相关官员还面临着失信的风险。

悬赏的妙处在于它使办案的官员获得了许多帮手，使其情报收集的渠道增加不少，从而提高了案件侦破的机会，但是它也有缺点，就是办案的成本太高，悬赏的奖金太少会因没有吸引力而达不到目的，太多则会使办案官员不堪承受，这是其最大的弊端，使其难于大面积的使用。

清人梁恭辰在《劝戒近录》卷二《仪征盗案》中讲了仪征县令屠琴坞重赏缉盗的故事。屠琴坞到仪征时由于捕役懈弛已久，就“捐赀自募健儿数十辈，遇有要案，重赏缉捕，无不立破”，但其在侦办一个在仪征被盗的湖广回来的空粮船案件时受到了家人的埋怨，因为该案历时两年之久，“往返数千里，重赏踩缉，赔累二千余金”，案子虽然破了，但是差点使自己面临被追责的灾祸。让官员自掏腰包办案，这种事情当然不可能广泛推行了。对此，中国古代的立法者早已注意到了这一层，赏钱从赃款中开支，就是他们想到的解决此问题的最好办法。例如，元代法律规定：“诸卖买良人为倡，卖主买主同罪，妇还为良，价钱半没官，半付告者。”（《元史·刑法志二》）告发的人可得到交易价格一半的奖赏，这无疑是个好的制度安排。但是对于法律没有规定的情形，仍然存在赏金没有着落的问题。

耳　目

前文已提及在中国古代皇帝治理天下依靠耳目，同样，官员们治理地方也离不开耳目，凭借耳目可扩大其视听，掌握和了解情况，为正确的判断和决策打下坚实的基础，耳目正是官员们控制社会、侦缉案件的基本依靠力量。

汉代赵广汉任颍川太守时，颍川豪杰大姓相互缔结婚姻，官府和民间勾结成党，赵广汉对其十分担心，于是“厉使其中可用者受记，出有案问，既得罪名，行法罚之，广汉故漏泄其语，令相怨咎。又教吏为缿筒，及得投书，削其主名，而托以为豪桀大姓子弟所言。其后强宗大族家家结为仇雠，奸党散落，风俗大改。吏民相告讦，广汉得以为耳目，盗贼以故不发，发又辄得”（《汉书·赵广汉传》）。赵广汉略施巧计就成功地离间和破坏了颍川各强宗大族间的友好关系，使其互为仇敌，互相监督和揭发，成为赵广汉的耳目。当地社会治理得到好转，盗贼案件侦破变得较为容易。

宋世景任北魏荥阳太守时，“终日坐于厅事……来者无不尽其情抱，皆假之恩颜，屏人密语。民间之事，巨细必知，发奸摘伏，有若神明”（《魏书·宋世景传》）。由于充分运用耳目，百姓鸡毛蒜皮的小违法情由宋世景都知道。

陆馛出为相州刺史，假长广公，“简取诸县强门百余人以为假子。诱接殷勤，赐以衣服，令各归家为耳目。于是发奸擿伏，事无不验。百姓以为神明，无敢劫盗者”（《北史·陆馛传》）。陆馛选取诸县豪门中一百多人作为养子，令各归家为耳目，为调动其积极性，接待引导情意恳切，并赏赐其衣裳服饰，这样花费自然不小，以致其“在州七年，家至贫约”（同上）。

崔休在北魏宣文帝初出任渤海地方官，“下车先戮豪猾数人，广布耳目，所在奸盗，莫不擒翦，百姓畏之，寇盗止息，清身率下，渤海大治”（《魏书·崔休传》）。崔休凭借耳目的帮助，将辖区内的不法犯罪之徒一一剪除，悉数消灭。百姓敬畏，盗贼不敢作恶，渤海实现了大治。

北魏孝庄帝时杨逸出为平东将军、光州刺史，“为政爱人，尤憎豪猾，广设耳目，善恶毕闻。其兵出使下邑，皆自持粮，人或为设食者，虽在暗室，终不敢进，咸言杨使君有千里眼，那可欺之”（《北史·杨逸传》）。

张华原任北齐兖州刺史时，“广布耳目，示以威禁。境内大贼及邻州亡命三百余人，皆诣华原归款。咸抚以恩信，放归田里，于是人怀感附，寇盗寝息”（《北史·循吏张华原传》）。

宋真宗乾兴初年，高继宣“以内殿崇班为益州都监。蜀人富侈，元夕大张灯，知府薛奎戒以备盗，继宣籍恶少年饮犒之，使夜中潜志盗背，明日皆获”（《宋史·高继宣传》）。高继宣利用不良少年作为线人，用酒菜犒劳他们，让他们在夜里偷偷地在盗贼背上做好记号，次日抓获了相关盗贼。

宋仁宗时，沈遘“求知越州，徙杭州。……善遇僚寀，皆甘乐倾尽为之耳目，刺闾巷长短，纤悉必知，事来立断。禁捕西湖鱼鳖，故人居湖上，蟹夜入其簖间，适有客会宿，相与食之。旦诣府，遘迎语曰：'昨夜食蟹美乎？'客笑而谢之"（《宋史·沈遘传》）。

《鹿洲公案》的作者蓝鼎元，曾做过普宁县知县，后兼理潮阳县，人称其"听断如神"，并以"善治盗及讼师"闻名，而其凭借的主要就是"多置耳目"（《清史稿·循吏蓝鼎元传》）。

但使用耳目也有缺陷，掌控耳目需要技术和资本，不是人人都能运用好耳目，也不是人人都愿意出钱来雇佣耳目。西汉的盖宽饶是个廉洁奉公的官员，也爱使用耳目。史载其"奉钱月数千，半以给吏民为耳目言事者。身为司隶，子常步行自戍北边"（《汉书·盖宽饶传》），盖宽饶将一半俸禄都用来雇用耳目，以致穷到其儿子无钱骑马，只好步行到北方边境去担任守卫工作。像他这样的人当然不会很多，故专门聘人作耳目不可能是常态，官员们通常是依靠乡村中的族长、里长等免费为其提供情报。

私　访

私访是指官吏隐瞒身份到民间去调查，时常又称微服私访，因为为了隐瞒身份而常常需要换上便服。当案件陷入侦办没有头绪，或"公说公有理，婆说婆有理"，事实真伪不明，办案官员无法对案件形成确信、拿不定主意时，到案发当地去走访调查就不失为一个解决问题的办法。史载苏琼任北齐南清河太守时，“零县民魏双成失牛，疑其村人魏子宾，送至郡，一经穷问，知宾非盗者，即便放之。双成诉云：‘府君放贼去，百姓牛何处可得？’琼不理，密走私访，别获盗者”（《北齐书·苏琼传》）。苏琼通过密走私访查获了真正的盗牛贼。汪辉祖在他的《病榻梦痕录》下卷中讲了一个他私访办案的故事：

> 零陵县民谢子纯弟亡六月，妇刘氏生遗腹子，三岁矣。刘有佣妇董，与无赖子蒋甲有连，会董以眦睚去，子纯觊刘产，啖蒋以利，指刘子乃其子，董为刘乞养，欲以其子归原而董证之，控县、控府逾四年，滴血亦介游移。适余以公事谒府，府提此案犯证俱齐，委余代鞫。刘之证佐，皆生子时喜筵亲友，不能塞董口。余细检原卷，证者不一，曾无一语及稳婆，惟刘雇乳媪，在生子四月之后，董据为乞养。蒋子之验，因屏去吏役，一一研讯。刘称稳婆钱氏尚在，并产时服役，有别媪邻居现存，产后自乳，以患乳痈，始雇乳媪，亦有治痈医师。询其居里，离城七里，密谕刘不得漏泄一字。托故出城，赴刘居，查讯稳婆、乳媪并侍产邻妇及医师，各供皆与刘符。归，诘蒋、董，得子纯唆讼状，分别罪之。未终日，而案定。

为了查清案情，汪辉祖借故出城调查走访接生婆、奶娘、帮助料理的邻家女子以及治疮的医师，最后使案情水落石出，还了刘氏清白，惩治了相关挑唆词讼的人员。在本案中，不调查走访难得实情，而不做好保密工作，恐也难实现调查之目的。

私访不但能体现出官员廉洁公正、勤政爱民，而且通过私访破获的案件故事情节曲折多姿，故微服私访常成为文学创作的好题材，《萤窗异草》三编卷一《折狱》讲了一位十八岁的年轻人得中进士后授某县令，其父亲为了帮助他办案，换装易服，装扮成占卜测卦的人下乡去调查访问，最后打听到实情，从而破案，也使他得到保全，不致受到责任追究，县令叹道："辛苦一官，使老父心力俱瘁，殊不成人子。"第二天便以奉养老父为由辞去官职，护送父亲回老家去了。这个故事讲的私访情形相对真实可靠，官员的父亲去私访比官员本人私访较为方便和容易取得成功。《滑疑集》卷六《徐遁斋太守传》则讲了太守徐昆阅卷后认为汤溪地方的一桩命案有可疑之处，要求县令验尸，但县令列出十条理由反对验尸，于是徐昆假装成其他县的县尉，以奉新太守的命令前往整顿保甲制度为由，到案发当地通过哑女的手状查清案情，惩办了杀死继子及妻子真凶的魏七十的故事，徐昆的私访是案件侦办发生转折、成功处理的关键。

当然官员的私访如果保密工作做得不好，被人识破，那么很可能弄巧成拙，调查不到任何真实的情况。对此，纪昀在《阅微草堂笔记》中讲一个叫明恕斋的官员欲微服私访，而被一个八十多岁的老和尚劝止的故事，因为官员人人都认识，微服私访容易被那些狡诈奸猾的人利用：

> 即乡里小民，孰无亲党，孰无恩怨乎哉？访甲之党，则甲直而乙曲；访乙之党，则甲曲而乙直。访其有仇者，则有仇者必曲；访其有恩者，则有恩者必直。至于妇人孺子，闻见不真，病媪衰翁，语言昏愦，又可据为信谳乎？公亲访犹如此，再寄耳目于他人，庸有幸乎？（《槐西杂志·恕斋公微服私访记》）

即使官员愿意不辞辛劳地去微服私访，也未必能够获得真实的案情，反而可能被人蒙蔽，故微服私访对官员品德、时间、体力、能力与技巧均有较高的要求，成功实属不易，故它只是例外，而不是常规的办案方法。但是实地调查确实是查明案情的重要方法。对此，古人早有诸如“夫天下可疑之事，非躬亲之不可”（《梦谈随录》卷上）的感叹，而调查要获得实情，即使不微服私访，也要趁当事人不备，所获信息不被污染才有可能获得成功。

检　验

检验就是运用法医学知识对各种人身伤亡案件所进行的勘验和检查，具体包括现场、尸体、活体（人身）和物证等检验类型。检验是查明案情的重要途径和方法，宋慈在《洗冤集录》序文中说：“狱事莫重于大辟，大辟莫重于初情，初情莫重于检验。”检验在中国古代刑事司法中占有重要的地位。

而检验在中国起源也较早，成篇于战国晚期的《礼记·月令》

中已有关于检验的记载，其云："是月也，命有司修法制，缮囹圄，具桎梏，禁止奸，慎罪邪，务搏执。命理瞻伤、察创、视折、审断。决狱讼，必端平。"其中瞻伤、察创、视折、审断就是检验伤残，故至迟在战国晚期中国已有检验的制度和实践。而《云梦秦简》表明在秦国已有了较为完整的司法检验制度，《封诊式》中的《贼死》《经死》《穴盗》《病》《出子》都涉及现场检验问题。

秦以降，检验的制度和实践一直在进行着，到唐代时法律规定已较完备。《唐律·诈伪》中"诈病及死伤受使检验不实"条明确规定："诸有诈病及死伤，受使检验不实者，各依所欺，减一等。若实病死及伤，不以实验者，以故入人罪论。"同时，《唐律疏议》对给人造成各种程度损伤直至死亡的情况都规定有相应的刑罚；对于二人以上共殴所致的数处损伤，要求鉴别出哪个是致命伤，按损伤程度不同分别治罪。

宋代检验制度在唐代基础上有进一步的发展，淳熙元年（1174年）五月壬寅，浙西路提点刑狱公事郑兴裔进呈《检验格目》，即检验死伤的标准，孝宗下诏颁布于天下各路提点刑狱司施行，明确规定："凡检覆必给三本：一申所属，一申本司，一给被害之家。"（《宋史·刑法志二》）凡是检核都必须具备检覆书三本，一本申报上级机关，一本申报本路提点刑狱司，一本给被害人的家里，这样做保证了被害人家属的知情权，也便于上级对下级司法的监督。官员们要定期交流，当时法律规定，后任官员办理前任官员遗留下来的案件，后任官员覆核勘定不同，那么前审官员就有失入之罪，为了不使前任受到追究，于是覆审也就往往雷同前审。宋孝宗知道其弊端后，于淳熙十四年（1187年）诏令免于一案只推定具结一次，取得了良好的效果，史家称“于是小大之狱，多得其情”(同上)。由于广南东路、广南西路州军监狱的狱官，畏惧本路司法长官提刑清点检覆对自己不利，凡有重犯，多让其死在狱中，于是“臣僚以为请，乃诏二广提刑司详覆公事，若小节不完，不须追逮狱吏，委本州究实保明。遇有死者，必根究其所以致死”(同上)。绍定二年（1229年）春正月庚辰，理司直张衍上奏检验、推理审讯四件事，皇帝下诏说刑狱关系人命，命令有关部门要认真行事（《宋史·理宗本纪一》)。宋代检验较为严密，以致有人抱怨说:“奴婢病亡，亦须检验。”(《宋史·陶穀传》)

而随着检验理论和实践的发展，唐以降先后出现了《疑狱集》《内恕录》《折狱龟鉴》《检验法》和《洗冤集录》等法医和检验方面的著作，其中《洗冤集录》是现存世界上最早的系统法医学专著，宋之后元、明、清历朝检验官吏无不将其作为办案必备之书，甚至成为考试的教材。

元代也十分重视尸体的检验，对相关办案人员的渎职和违法行为加以重处，法律规定:“诸检尸，有司故迁延及检覆牒到不受，以致尸变者，正官笞三十七，首领官吏各四十七。其不亲临或使人代之，以致增减不实，移易轻重，及初覆检官相符同者，正官随事轻重论罪黜降，首领官吏各笞五十七罢之，仵作行人杖七十七，受财者以枉法论。诸有司，在监囚人因病而死，虚立检尸文案及关覆检官者，正官笞三十七，解职别叙。已代会赦者，仍记其过。诸职官覆检尸伤，尸已焚瘗，止傅会初检申报者，解职别叙。若已改除，仍记其过。”(《元史·刑法志一》)

检验于查明案情，于司法公正，都具有重大意义，而为了防止渎职和舞弊。明代“检验尸伤有定法”(《明史·刑法志二》)。隆庆年间，御史赵可怀说：“五城兵马司官，宜取科贡正途，职检验死伤，理刑名盗贼，如两京知县。不职者，巡城御史纠劾之。”(《明史·职官志三》）赵可怀认为五城兵马司官员，应该选取科考贡举正途出身的人，负责检验死伤，查办诉讼盗贼，如同两京知县。万历十四年（1586年），舒化应诏陈述意见，他建议：“请信诏令，清狱讼，速讯谳，严检验，禁冤滥，而以格天安民归本圣心。”(《明史·舒化传》）严格检查验证被作为治国安邦之策进献皇帝，得到了明神宗朱翊钧的赞许和采纳。

而清代的检验制度更加完备。据《清史稿·刑法志三》载：“凡检验，以宋宋慈所撰之《洗冤录》为准，刑部题定《验尸图格》，颁行各省。人命呈报到官，地方正印官随带刑书、仵作，立即亲往相验。仵作据伤喝报部位之分寸，行凶之器物，伤痕之长短浅深，一一填入尸图。若尸亲控告伤痕互异，许再行覆检，不得违例三检。如自缢、溺水、事主被杀等案，尸属呈请免验者，听。京师内城正身旗人及香山等处各营房命案，由刑部当月司员往验。街道及外城人命，无论旗、民，归五城兵马司指挥相验。检验不以实者有刑。”

只有客观的检验才能还原案件事实真相，故其是公正司法的前提和基础，但检验中弄虚作假的事情时常发生。《惊喜集》卷一《换骨》讲了一个仵作把受害人的骨头调换了以致使多次检验都不得实，受害人儿子京控，皇帝派钦差追查，钦差在就任山东知府的一密友的指点下，通过称骨、验血发现疑问，钦差对仵作施加重刑，仵作承认是他对受害人的骨头动了手脚所致，案情真相大白，凶手被绳之以法，而各审讯官也都被判了罪的故事。这样的故事至今仍然具有启迪价值。如果检验的物证被调包或污染，鉴定意见就建立在虚假的材料之上，其对查清案情就没有任何帮助。清代名臣王士俊曾著有《谳狱》一文，收在《折狱龟鉴补》中，讲了他是如何组织进行检验以及防范检验中舞弊的：

> 余三任州县，所定命案不下百余，惟于当场研取确情，从未在堂录囚。一遇命案，单骑前赴，兼裹数日粮，从仆二人、刑书二人、干役二人、快头一人、仵作一人、皂隶四人，不令远离一步，以杜私弊。公案离检所不过丈余，至则先问两造口词，即令仵作同两造及地保公同检验，不厌其详。所报伤迹，详录草单，俟三词合同，方亲至检所逐一加验。稍有疑惑，令仵作再验，果见伤迹、凶具相符，然后亲注伤单。如犯证俱齐，即先录邻右口词，再录证见，再录死者之亲，众供画一，始取凶犯口词，或一人，或两三人，细细研鞫，分别何人造意、何人先下手、何人伤致命，务求颠末了然，确定

> 首从，不可模糊。所伤械物，迅即追起，不可姑缓。果无遁情，再复问各犯，翻驳尽致。果无反复，令刑书朗诵口词，与各犯仔细倾听。书押毕，即将凶犯重杖。其不行解散、助殴加功者，亦加重杖，以纾生者之忿，以慰死者之心。各犯应释者释，应保者保，应羁者羁，务于当场研决，不得迟滞牵累。返署后即行申报，密即串叙招看，复核妥协。俟宪批下日，即行点解。断不从书役之言，以不迫限为迁延之役也。夫不于堂上对簿，则主唆起灭之奸弊易绝；不待久远起解，则杀人正凶之供吐难移。此余数年亲历者也。如检验时凶犯脱逃，或所去不远，即令随从干役刻即追捕。倘于一、二日度其可获，即在彼处坐候了局；或已远扬，即悬赏缉捕，仍于当场将各犯口词照前录定归署。俟获犯之日，先行密审，然后质对，立即起解。所谓迟则变生、速则事定者如此。

这段文字使我们见到了一个勤勉的司法官员指挥、参与检验的具体过程，他亲临检验的现场，目睹检验的整个过程，监督所有的参与人员，让两造和地保参与、见证检验过程，以防止胥吏作弊，随即录取相关人员的口供，及时提取相关物证，对相关涉案人员及时做出处置，等等。这些做法有一定的合理性，为保证案件的公正处理奠定了基础。但要客观公正地检验，有时会面临较大的风险，晚清循吏孙葆田在合肥任上因办案而去职的际遇就很说明问题：

> 大学士李鸿章弟子之傔人横于乡，以逼债殴人死。葆田检验尸伤，观者数万人，恐县令为豪强迫胁验不实。葆田命仵作曰："敢欺罔者论如律。"得致命状，人皆欢噪，谓包龙图复出，谳遂定。有御史劾葆田误入人死罪，诏巡抚陈彝按之，卒直原谳。葆田遂自免归，名闻天下。（《清史稿·循吏孙葆田传》）

孙葆田要求仵作客观公正地检验，在查明案件事实基础上处罚了权臣李鸿章的家人的随从，赢得了民众的拥戴，但也因此遭到了御史的弹劾，皇帝下诏让巡抚陈彝复查，陈彝复查确认孙葆田的处理无误，维持了原判，但是孙葆田还是因此主动罢官归乡。

五　听

五听作为一种办案的方法和技艺在中国起源很早。《尚书·吕刑》云："两造具备，师听五辞，五辞简孚，正于五刑"，审判时要求原被告双方都到场，法官从五个方面来判断案件事实的真伪。这里的五辞也就是五听。《周礼·秋官·小司寇》对五听作了详细的解释。其云："以五声听狱讼，求民情：一曰辞听，二曰色听，三曰气听，四曰耳听，五曰目听。"根据汉代郑玄的注解，辞听是指"观其出言，不直则烦"，即观察其言辞，心虚者常常显得浮躁。色听是指"察其颜色，不直则赧然"，即观察其脸色，心虚者会呈现羞愧状。气听是"观其气息，不直则喘"，即观察当事人的呼吸情况，理曲心虚则呼吸急促。耳听是指“观其聆听，不直则惑”，即观察其听觉，心虚者往往因心神不宁而听力不集中，从而显得惶惑。目听是“观其眸子视，不直则眊然”，即观察其视觉和眼睛，心虚者往往目光散乱。五听是通过辞、色、气、耳、目五个方面来观察当事人的心理活动，以发现情伪。

由于五听见之于儒家经典《尚书》和《周礼》，在儒学变成经学后，五听的地位自然也就神圣起来。《汉书·刑法志》云：“《周官》有五听、八议、三刺、三宥、三赦之法。五听：一曰辞听，二曰色听，三曰气听，四曰耳听，五曰目听。”五听进入了官方的话语体系，受到了高度重视和推崇。而“周人以三典刑邦国，以五听察民情”（《晋书·刑法志》）、“古之为狱必察五听”（《晋书·刘隗传》）之类的言论，日渐成了儒生们固定的历史记忆和知识。而且五听也成为儒生们反对刑讯逼供的重要理论资源，于是我们见到了诸如“凡小大之狱，必应以情，正言依准五听，验其虚实，岂可全恣考掠，以判刑罪”（《陈书·儒林沈洙传》）之类的言论，他们天真地认为只要认真地采用五听的技术，就可无需进行刑讯，对此西魏时的苏绰也认为，最上等的司法主要依靠五听来查明案情，而不采用刑讯，即所谓“先之以五听，参之以证验，妙睹情状，穷鉴隐伏，使奸无所容，罪人必得”（《周书·苏绰传》）。谢庄在上表南朝宋孝武帝刘骏的奏章中说：“臣窃谓五听之慈，弗宣于宰物。”（《宋书·谢庄传》）他对听断诉讼时五听的方法没有普遍施行深表遗憾。

伴随法律儒家化的完成，到唐代，“五听”已成为法定的审讯方式。《唐律疏议·断狱》篇“不审察辞理反复参验而辄拷讯”条规定：“诸应讯囚者，必先以情，审察辞理，反复参验；犹未能决，事须讯问者，立案同判，然后拷讯。违者，杖六十。”唐代《狱官令》则规定得更为明白：“察狱之官，先备五听，又验诸证信，事状疑似，犹不首实者，然后拷掠。”五听已被明确规定为法定的审讯程序，且是刑讯的前置条件，只有经过五听后仍不能获得实情并记录在案后才能对相关人进行刑讯。而《旧唐书·职官志二》云：“而断狱之大典，有十恶、八议、五听、六赃。”五听已与十恶、八议并列为重要的法律制度。唐代关于五听的规定为唐以降历代法律所沿袭。《宋刑统》直接将《周礼》中有关“五听”的内容纳入律条。《明会典》卷一七七《刑部十九·问拟刑名》规定，讯问当事人及证人时应当“观看颜色，察听情词，其词语抗厉、颜色不动者，事理必真，若转换支吾，则必理亏，略见真伪，然后用笞决勘，如又不服，然后用杖决勘”。

五听是对日常生活经验的总结和提炼，具有一定的合理性，运用得法，可达到“片言折狱”的效果。这方面成功的例子也不少。韩非曾给我们讲过子产通过聆听哭声成功侦破凶杀案件的故事：

> 郑子产晨出，过东匠之间，闻妇人之哭，抚其御之手而听之。有间，遣吏执而问之，则手绞其夫者也。异日，其御问曰：“夫子何以知之？”子产曰：“其声惧。凡

> 人于其亲爱也，始病而忧，临死而惧，已死而哀。今哭已死，不哀而惧，是以知其有奸也。”（《韩非子·难三》）

子产根据日常生活经验，听出了妇人哭声的异常，从而引发其怀疑，查出妇人绞杀亲夫的犯罪行为。

类似通过察言观色侦破案件的精彩故事在宋代元绛、张逸身上也发生过。元绛考中进士后调任江宁推官，摄上元县令，遇到了这样一个案件：

> 民有号王豹子者，豪占人田，略男女为仆妾，有欲告者，则杀以灭口。绛捕置于法。甲与乙被酒相殴击，甲归卧，夜为盗断足。妻称乙，告里长，执乙诣县，而甲已死。绛敕其妻曰：“归治而夫丧，乙已伏矣。”阴使信谨吏迹其后，望一僧迎笑，切切私语。绛命取僧絷庑下，诘妻奸状，即吐实。人问其故，绛曰：“吾见妻哭不哀，且与伤者共席而襦无血污，是以知之。”（《宋史·元绛传》）

元绛从甲妻的啼哭中看出破绽，获知隐情，侦破了案件。同样，张逸在做益州知州时也运用五听成功破获了案件：

> 华阳驿长杀人，诬道旁行者，县吏受财，狱既具，乃使杀人者守囚。逸曰：“囚色冤，守者气不直，岂守者杀人乎？”囚始敢言，而守者果服，立诛之，蜀人以为神。（《宋史·循吏张逸传》）

张逸通过色听看出了囚犯的冤枉，通过气听看出了守者的不直，指责是守者杀人，囚犯才敢讲出实情，看守人果然服罪，张逸立即杀了他，大家都认为张逸是神人。

明人杨卓在广东行省员外郎任上也运用五听之法而成功破获过案件：

> 田家妇独行山中，遇伐木卒，欲乱之。妇不从，被杀。官拷同役卒二十人，皆引服。卓曰："卒人众，必善恶异也，可尽抵罪乎？"列二十人庭下，熟视久之，指两卒曰："杀人者，汝也！"两卒大惊，服罪。（《明史·杨卓传》）

杨卓采用察言观色的方法发现了可疑之人，查获了真凶，避免了冤枉无辜。

不过需要指出的是，五听之所以能够在中国古代司法中发挥作用，是因为它实际是以刑讯为后盾的，司法官员发现谁有可疑之处即可责问，如果认为他不说实话就可对其用刑，逼其讲出所谓实情，在法律上五听是刑讯的前置程序，而刑讯则是五听的保障，离开了刑讯的五听将劳而无功。而五听与刑讯的结合正是冤案的助产士，五听的判定标准缺少客观性，运用的实效也因人而异，离开客观证据，五听常常只会导致先入为主的恶果，如果官员对自己信心满满，对所谓不吞实者用刑，那么冤狱就不可避免。西魏大臣苏绰曾注意到这个问题。他明确提出"先之以五听，参之以证验"（《周书·苏绰传》）的主张，要求不但要五听，还要使用证据加以验证。五听在现代侦查和审讯中仍然具有一定参考和借鉴价值，但对于刑讯不再合法化和奉行证据裁判主义的现代司法审判而言，它已无用武之地。

刑　讯

刑讯是司法者通过对涉案人员进行肉体折磨和精神强制以获取口供据并据此定罪科刑的一种审讯方法。刑讯在古汉语文献中通常称为“榜掠”“掠治”“掠理”“拷讯”“拷鞫”“拷问”等。在远古的神明裁判时代，疑难案件事实的认定掌握在大家共同信仰的神手中，案件一裁终局，没有刑讯的必要，刑讯是从神的统治过渡到人的统治的产物。西周出现了“五听”的审判方式，司法官员的判断取代了神的判断。五听的主旨是审查涉案人员陈述的真实性，刑讯的目的则主要是让涉案人员吐实，获得口供。五听与刑讯都是对神判的否定，它们都是重人事的结果，最终结伴而行。

战国时魏国人尉缭在《尉缭子·将理》篇中云：“笞人之背、灼人之胁、束人之指，而讯囚之情，虽国士，有不胜其酷而自诬矣。”他指出了当时常见的刑讯方法，批判依靠刑讯获得案情之不可靠，指责刑讯乃冤案产生的渊薮。而战国晚期的文献《礼记·月令》篇中有仲春之月“命有司，省囹圄，去桎梏，无肆掠，止狱讼”的说法，此处的掠即拷问、拷打的意思。从这些文献来看，至迟到战国晚期，刑讯在中国的司法实践中已较盛行。桓宽称“秦法繁于秋荼，而网密于凝脂”（《盐铁论·刑德》），秦朝法网十分严密，对刑讯已有较为详尽的规定。

秦简《封诊式》的《治狱》和《讯狱》两则是现存中国古代关于刑讯的最早法律规定：

> 治狱，能以书从迹其言，毋治（笞）谅（掠）而得人请（情）为上；治（笞）谅（掠）为下；有恐为败。
>
> 凡讯狱，必先尽听其言而书之，各展其辞，虽智（知）其訑，勿庸辄诘。其辞已尽书而毋（无）解，乃以诘者诘之。诘之有（又）尽听书其解辞，有（又）视其它毋（无）解者以复诘之。诘之极而数訑，更言不服，其律当治（笞）谅（掠）者，乃治（笞）谅（掠）。治（笞）谅（掠）之必书曰：爰书：以某数更言，毋（无）解辞，治（笞）讯某。

从这两条规定可知秦朝的统治者对刑讯的弊端是有清醒认识的。秦律虽然认可刑讯，但并不鼓励和提倡，认为不实施刑讯就能查明案情是上策，采用刑讯的方式获知案情是下策。秦朝实行的是有条件的刑讯制度，当司法官吏对相关人员反复诘问到辞穷，仍多次欺骗，不断改变口供，拒不服罪，就可依法对其施加刑讯。秦律还同时要求对刑讯的详情制作“爰书”加以记录。当然秦律的规定，并没有阻止秦朝刑讯的盛行和冤狱的泛滥，李斯身为秦朝的丞相，也没有躲过刑讯之灾。史载“赵高治斯，榜掠千余，不胜痛，自诬服”(《史记·李斯列传》)。在赵高的刑讯之下，李斯承认妄加于己的谋反罪名，最后具五刑腰斩于咸阳市，同时被夷三族。

汉承秦制，汉代基本继承了秦朝的刑讯制度，张汤审鼠是一个非常有名的故事：

> 张汤者，杜人也。其父为长安丞，出，汤为儿守舍。还而鼠盗肉，其父怒，笞汤。汤掘窟得盗鼠及余肉，劾鼠掠治，传爰书，讯鞫论报，并取鼠与肉，具狱磔堂下。其父见之，视其文辞如老狱吏，大惊，遂使书狱。（《史记·酷吏张汤列传》）

老鼠偷肉，张汤遭到了父亲的鞭打。为报仇，张汤挖洞捉住老鼠并得到剩下的肉，于是起诉和拷打老鼠，记录供词反复审问，追究老鼠罪行上报判决，最后把老鼠在堂下分尸处死。张汤所做的判决文书像出自于老练的法官之手，使其父亲大为震惊，认为他有司法方面的天赋，于是安排他学习刑狱律文。其时张汤只是个孩子，在这以前还没有系统学习过法律知识，但其整个“司法”过程像模像样，故令其父吃惊，而他之所以能做到如此，当然是观察现实司法实践活动耳濡目染所致，可见刑讯在汉代的司法活动中是十分普遍的，基本上是必经的环节。在刑讯的严酷方面，汉代也不让于秦朝。贯高试图谋杀刘邦以为赵王张敖出气，被仇人告发后，结果被“吏榜笞数千，刺爇，身无完者”（《汉书·张耳陈余传》）。汉代的刑讯与暴秦相比恐并没有实质性的改善。汉宣帝刚刚登基，路温舒就上《尚德缓刑书》，说秦有十失现尚存其一，那就是审理刑狱的官吏，他对官吏们的刑讯逼供行为进行了义正辞严的批判：

> 夫人情安则乐生，痛则思死。棰楚之下，何求而不得？故囚人不胜痛，则饰辞以视之；吏治者利其然，则指道以明之；上奏畏却，则锻练而周内之。盖奏当之成，虽咎繇听之，犹以为死有余辜。何则？成练者众，文致之罪明也。(《汉书·路温舒传》)

汉代的刑讯为冤狱的生产作了不少的“贡献”。例如，《汉书·于定国传》中所载的有名的东海孝妇的故事，实际上不过是一个关于刑讯的悲剧而已，刑讯手段太残忍，孝妇不堪苦楚，只好“自诬服”。

三国时刑讯也较严酷，在司法过程中不但犯罪嫌疑人面临刑讯，证人也面临着被刑讯的风险。史载胡质做魏国顿丘令时，通过察言观色成功办理了一起案件：

> 县民郭政通于从妹，杀其夫程他，郡吏冯谅系狱为证。政与妹皆耐掠隐抵，谅不胜痛，自诬，当反其罪。质至官，察其情色，更详其事，检验具服。(《三国志·魏书·胡质传》)

郡吏冯谅指证郭政和他从妹通奸并杀了她的丈夫程他，冯谅虽然是证人，但依法也被关进了监狱。办案官员对郭政和他从妹实施了刑讯，但是他们都经受住了拷打，并隐瞒抵赖，法官于是对作为证人的冯谅进行了拷打，结果冯谅忍受不住痛苦，承认自己是诬告，被按照诬告罪处理。万幸遇到明辨的胡质，方得以洗刷冤屈。

冯谅虽是官场中人，但其在刑讯面前也不得不自诬，试图通过刑讯来查明案情实在是不靠谱，故一再有人站出来批判刑讯。

东晋大臣刘隗就曾痛心疾首地说："捶楚之下，无求不得，囚人畏痛，饰辞应之。"（《晋书·刘隗传》）反对刑讯的声音一直存在，但刑讯的合法性地位从没有受到挑战。不过，与此前相比，魏晋南北朝时，刑讯逐步规范化。北魏规定对年长者不得刑讯，体弱者可酌减，太武帝时还规定"拷讯不逾四十九"（《魏书·刑罚志》）。梁朝有测囚之法，其"起自晡鼓，尽于二更"（《陈书·儒林沈洙传》），陈朝对此有所损益。唐代刑讯制度进一步完善，法律对刑具的种类、刑讯的次数、受刑的部位等都有明确规定。对此，《旧唐书·刑法志》记载说：

> 系囚之具，有枷、杻、钳、锁，皆有长短广狭之制，量罪轻重，节级用之。其杖皆削去节目，长三尺五寸。讯囚杖，大头径三分二厘，小头二分二厘。常行杖，大头二分七厘，小头一分七厘。笞杖，大头二分，小头一分半。其决笞者，腿分受。决杖者，背、[①]腿、臀分受。

①贞观四年（630年）冬十一月戊寅，唐太宗"制决罪人不得鞭背，以明堂孔穴针灸之所"（《旧唐书·太宗本纪下》）。对此，《新唐书·刑法志》作了更加详细的记载，云："太宗尝览《明堂针灸图》，见人之五藏皆近背，针灸失所，则其害致死，叹曰：'夫箠者，五刑之轻；死者，人之所重。安得犯至轻之刑而或致死？'遂诏罪人无得鞭背。"不得鞭打犯罪人的背脊是李世民的仁政之一，但其继任子孙曾一度废弃了李世民的这一诏令，直到大和八年（834年）四月，唐文宗李昂才又想起这一往事："诏应犯轻罪人，除情状巨蠹，法所难原者，其他过误罪愆，及寻常公事违犯，不得鞭背，遵太宗之故事也。"（《旧唐书·刑法志》）

及须数等拷讯者，亦同。其拷囚不过三度，总数不得过二百。杖罪已下，不得过所犯之数。

《唐律》对刑讯的条件、程序和法律后果作了具体的制度安排，其《断狱》篇“拷讯不合拷讯者及令不得为证者为证”条规定：“诸应议、请、减，若年七十以上，十五以下及废疾者，并不合拷讯，皆据众证定罪，违者以故失论。”明确了哪些人不受拷讯。而前引“不审察辞理反复参验而辄拷讯”条将五听规定为刑讯的前置程序，并对违反者杖六十。“拷囚过度过数及有疮病而拷”条规定：“诸拷囚不得过三度，数总不得过二百，杖罪以下不得过所犯之数。拷满不承，取保放之。若拷过三度及杖外以他法拷掠者，杖一百；杖数过者，反坐所剩；以故致死者，徒二年。”对拷刑的数量、法律后果、违法责任均作了规定。而且《唐律》明确将长期以来实践的反拷告人的做法正式入律，“反拷违制”条规定：“诸拷囚限满而不首者，反拷告人。其被杀、被盗家人及亲属告者，不反拷。（被水火损败者，亦同。）拷满不首，取保并放。违者，以故失论。”而“决罚不如法及杖之粗细长短不依法”条还对违法使用刑具的法律责任作了具体的规定：“诸决罚不如法者，笞三十；以故致死者，徒一年。即杖粗细长短不依法者，罪亦如之。”唐朝统治者虽然认识到了刑讯的危害，但是仍然肯定其必要性和合法性，只是希望通过对其严格限制，特别是加大对官员的追责来尽可能地将其危害降到最低程度。

后世对于刑讯基本沿袭了《唐律》的规定和精神，只是代有损益。宋初太祖“令诸州获盗，非状验明白，未得掠治。其当讯者，先具白长吏，得判乃讯之。凡有司擅掠囚者，论为私罪”（《宋史·刑法志一》）。辽朝规定：“拷讯之具，有粗、细杖及鞭、烙法。粗杖之数二十；细杖之数三，自三十至于六十。鞭、烙之数，凡烙三十者鞭三百，烙五十者鞭五百。被告诸事应伏而不服者，以此讯之。”（《辽史·刑法志上》）元代法律规定：“诸有司非法用刑者，重罪之。已杀之人，辄脔割其肉而去者禁之，违者重罪之。诸鞫狱不能正其心，和其气，感之以诚，动之以情，推之以理，辄施以大披挂及王侍郎绳索，并法外惨酷之刑者，悉禁止之。”（《元史·刑法志二》）而且，为防止滥用刑讯，元代法律规定一般案件不得夜间审讯。其云：“诸鞫问罪囚，除朝省委问大狱外，不得寅夜问事，廉访司察之。”（同上）同时还规定：“诸职官辄以微故，乘怒不取招词，断决人邂逅致死，又诱苦主焚瘗其尸者，笞五十七，解职别叙，记过。诸鞫狱辄以私怨暴怒，去衣鞭背者，禁之。诸鞫问囚徒，重事须加拷讯者，长贰僚佐会议立案，然后行之，违者重加其罪。诸弓兵祗候狱卒，辄殴死罪囚者，为首杖一百七，为从减一等，均征烧埋银给苦主，其枉死应征倍赃者，免征。”（同上）而《大明律·断狱》的“老幼不拷讯”条规定：“凡应八议之人，及年七十以上、十五以下，若废疾者，并不合拷讯，皆据众证定罪。违者，故失入人罪论。其于律得相容隐之人，及年八十以上、十岁以下，若笃疾，皆输不得令其为证。违者，笞五十。”朱明王朝要求：“凡内外问刑官，惟死罪并窃盗重犯，始用拷讯，余止鞭扑常刑。酷吏辄用挺棍、夹棍、脑箍、烙铁及一封书、鼠弹筝、拦马棍、燕儿飞，或灌鼻、钉指，用径寸懒杆、不去棱节竹片，或鞭脊背、两踝致伤以上者，俱奏请，罪至充军。”（《明史·刑法志二》）《明会典》卷一七七《刑部十九·问拟刑名》还规定：“凡鞫问罪囚，必须依法详情推理，毋得非法苦楚，锻炼成狱，违者究治。”清代规定：“凡讯囚用杖，每日不得过三十。热审得用掌嘴、跪链等刑，强盗人命酌用夹棍，妇人拶指，通不得过二次。其余一切非刑有禁。”（《清史稿·刑法志三》）

尽管法律对刑讯极力加以限制，但实践中滥用刑讯和违法刑讯的现象却司空见惯。因为从犯罪嫌疑人口中获取线索和情报，从而查明案情是最经济省事的方法。在一个司法资源极其稀缺的社会里刑讯基本上是不可避免的，特别是在官员较为明察，通过五听发现了犯罪嫌疑人的破绽，嫌疑人就是真正的犯罪人时，刑讯的破案效果是极佳的，让官员们不采用刑讯基本上是不可能的。当然有办案经验的官员对刑讯都是极为慎重的。例如，宋代的刘宰就将“毋轻事棰楚”（《宋史·刘宰传》）作为他的座右铭。许多官员深知“罪从供定，犯供最关紧要。然五听之法，辞止一端。且录供之吏，难保一无上下其手之弊。据供定罪，尚恐未真”（《续佐治药言·草供未可全信》）的道理，但是让他们彻底放弃刑讯则是绝对做不到的。

一部中国古代司法史基本上就是一部刑讯史。诬服、自诬这样的字眼充斥着史册，有时人们不忍看其亲人因无辜不知情而承受反复刑讯之苦，就自制血衣等证据以求达到定罪的标准，使案件得到迅速处理，不必因为法官找不到所谓证据而继续对其进行刑讯。袁枚在《小仓山房文集》卷九《书麻城狱》中就为我们讲了这样一个悲惨的故事，这是中国古代司法史上最黑暗和悲惨的一幕。虽然在刑讯之外还有五听等众多查明案件事实的方法，以及“据众证定罪”这个定案的门径，但事实上官员们办案基本上都离不开刑讯，即使是明断的包公也不例外，徐忠民对包公故事的统计结果表明：“几乎每次理讼折狱，包公无不借助‘刑求’的手段。”[①]在办案过程中从不采用刑讯手段的官员十分罕见。[②]离开了刑讯基本就不能审判，这使一些人对当官办案充满了厌恶之情。例如，唐代诗人李端于大历五年（770年）进士及第，后被起用为杭州司马，其对“牒诉敲扑，心甚厌之”（《唐才子传·李端传》），成天刑讯犯罪嫌疑人的审判工作使其十分厌倦，最后就辞官隐居于南岳衡山。而唐代诗人顾非熊在举场角艺三十年后才于会昌五年（845年）在唐武宗的干预下进士及第，授盱眙县主簿，但他“不乐拜迎，再厌鞭挞，因弃官归隐”（《唐才子传·顾非熊传》）。鞭挞犯人是当官的日常功课，顾非熊因为对其极其厌恶而决定归隐，

①徐忠民：《包公故事：一个考察中国法律文化的视角》，中国政法大学出版社2002年版，第425页。

②唐和算一个，史称其“征为内都大官，评决狱讼，不加捶楚，察疑获实者甚多，世以是称之”（《北史·唐和传》）。唐和因为评判决断讼事不施杖刑而受到世人颂扬，其之所以值得颂扬，是因为这样的官员基本上属于奇迹。

放弃了其历尽艰辛才取得的功名。

在“无供不录案”成为常态的情况下，“据众证定罪”事实上只是个别的例外，直到清代也是如此。史家评论清代司法时就说：“断罪必取输服供词，律虽有‘众证明白，即同狱成’之文，然非共犯有逃亡，并罪在军、流以下，不轻用也”（《清史稿·刑法志三》）。

当然对于官员们来说，刑讯时也并非没有一点顾虑：一是怕酿成冤案而其家属不服，不断上告使自己遭到朝廷的问责；二是怕酿成冤狱，上天降下灾异；三是怕自己因为冤枉无辜而遭到报应。历代均实行严格的司法责任制，因为刑讯酿成冤案而受到追究的人不计其数，故在中国古代官员们是否懂得刑讯的规律和技巧，并加以灵活地运用，直接决定着其仕途和命运，刑讯在中国古代是一门为官必须掌握的大学问，故才有诸如吕新吾《刑戒》这样的作品问世。

一方面对刑讯开展批判，另一方面却承认刑讯的合法性，并且普遍实施，这就是中国古代司法中刑讯的真实故事。虽然清末变法中，曾一度试图废除刑讯，但并没有取得成功。1912年3月2日，孙中山发布《令内务司法两部通饬所属禁止刑讯文》，明确规定：“不论行政、司法官署，及何种案件，一概不准刑讯。鞫狱当视证据之充实与否，不当偏重口供。其从前不法刑具，悉令焚毁”，才正式在法律上彻底否定了刑讯。

权　谋

权谋就是随机应变的计谋，兵家和法家都是权谋的极力倡导者和实践者。在兵家看来，“无智略权谋，而以重赏尊爵之故，故强勇轻战，侥幸于外，王者慎勿使为将”（《六韬·上贤》）。只有具备智略权谋才能委以重任，才有资格担任将领。而法家所讲的法、术、势基本上无一不与权谋相关。但一般而言，儒家对权谋是持批判态度的，嫌其不够正大光明，与以德治国的精神不相符合。“权谋”一词在《荀子》一书中共十三见，但基本上无一不是在贬义上使用。荀子常将其与礼、义相对立，并且说：“故用国者，义立而王，信立而霸，权谋立而亡。”（《荀子·王霸》）在他看来，统治者搞权术阴谋就会走向灭亡。但儒家对权谋的批判并没有改变中国古代政治基本上就是权谋政治的事实，法家的权谋思想深得统治者们的欢迎，中国古代的政治家大多都是权谋家。

权谋与普通人在日常生活中的小聪明和计谋的分野就在于其是权力和谋略的结合，它是有权人的专利，同时许多计谋没有权力压根就实现不了。官员们在日常政务中爱使用权谋，在处理司法问题时也就会自然而然地使用权谋。特别是侦查犯罪、查明案件事实，需要斗智斗勇，给权谋的运用留下了广阔的空间。

查阅文献，我们可以发现，中国古代司法官员运用权谋办案主要有如下两大类型：

一是凭借全能的权力，设置陷阱让相关当事人自己道出实情，达到不打自招的效果。

> ［刘宰为泰兴令］邻邑有租牛县境者，租户于主有连姻，因丧会，窃券而逃。它日主之子征其租，则曰牛鬻久矣。子累年讼于官，无券可质，官又以异县置不问。至是诉于宰，宰曰："牛失十载，安得一旦复之。"乃召二丐者劳而语之故，托以它事系狱，鞫之，丐者自诡盗牛以卖，遣诣其所验视。租户曰："吾牛因某氏所租。"丐者辞益力，因出券示之，相持以来，盗券者怃然，为归牛与租。(《宋史·刘宰传》)

租契被租牛户偷走了，牛主之子没有证据，告状无门，但他运气好，遇到了聪明的刘宰，刘宰与两乞丐演了一出戏，让乞丐谎称将偷来的牛卖给了租户，租户的牛是赃物，租户为了使自己的牛不被收缴，只得说出牛是租来的，并拿出租契加以证明，至此租户自己吐出了实情，只得归还牛与租金。随便把乞丐关进监狱，进行审问，即使是演演戏，这也是现代权力有限的司法者办不到的。

> 大定初，［移剌斡里朵］为博州防御使，再迁利涉军节度使。先是，有农民避贼入保郡城，以钱三十千寄之邻家，贼平索之，邻人讳不与，诉于县，县官以无契验却之，乃诉于州。斡里朵阳怒械系之，捕其邻人，关以三木，诘之曰："汝邻乙坐劫杀人，指汝同盗。"邻人大惧，始自陈有欺钱之隙，乃责归所隐钱而释之，郡人骇

> 服。(《金史·移剌斡里朵传》)

移剌斡里朵略施小计就让隐瞒不还寄存钱款的邻居自己讲出了实情，为没有寄放契据、权利得到保障的希望渺茫的农民讨回了公道，使郡人惊奇叹服。但是移剌斡里朵的计谋如果没有像他那样全能的权力是不可能实施的，他可随便就把告状的农民拘押起来，也可把农民的邻居抓起来，扣上抢劫杀人团伙的罪名，这些便利现代的司法者已不再拥有，所以移剌斡里朵的计谋现代司法者已不可能再复制了。

又如，至大元年胡长孺调任台州路宁海县主簿：

> 民荷溺器粪田，偶触军卒衣，卒抶伤民，且碎器而去，竟不知主名。民来诉，长孺阳怒其诬，械于市，俾左右潜侦之，向抶者过焉，戟手称快，执诣所隶，杖而偿其器。(《元史·儒学胡长孺传》)

因为挑粪桶的农夫不知道鞭打他的军卒的姓名，没有明确的被告人，案件的办理陷入了困境，但是胡长孺对人性有充分的了解，他略施计策就使扭打并毁坏农夫粪桶的军卒自己暴露了出来。但是没有随便指责农夫诬告并将其戴枷游街这样的权力，胡长孺的计谋是无法施行的。

二是装神弄鬼，利用当事人对鬼神的迷信，使其露出破绽或自道实情。上面提及的刘宰在做泰兴县令时，还办理过一起案子：

> 富室亡金钗，惟二仆妇在，置之有司，咸以为冤。命各持一芦，曰："非盗钗者，诘朝芦当自若；果盗，则

长于今二寸。”明旦视之，一自若，一去其芦二寸矣，即讯之，果伏其罪。(《宋史·刘宰传》)

刘宰骗两位嫌疑人说偷了金钗的次日芦苇就会比现在长两寸，偷金钗的盗贼信以为真，就把自己的芦苇去短了两寸，使人看出心虚，对其进行审讯，果然伏罪。嫌犯之所以听信刘宰的话而上当，当然是由于畏官员的威风，基于官员是文曲星下凡之类的民间信仰。而胡长孺也同样利用人们的宗教迷信侦破过一起案件：

群妪聚浮屠庵，诵佛书为禳祈，一妪失其衣，适长孺出乡，妪讼之。长孺以牟麦置群妪合掌中，命绕佛诵书如初，长孺闭目叩齿，作集神状，且曰：“吾使神监之矣，盗衣者行数周，麦当芽。”一妪屡开掌视，长孺指缚之，还所窃衣。(《元史·儒学胡长孺传》)

在本案中胡长孺利用人们对神灵的迷信心理，观察其言行的变化，从而查获了真正的盗衣者。

官员们装神弄鬼破案的事情，很具有戏剧性，故也常成为文学创作的极好题材，这类故事在中国古代小说戏曲中较为常见。《龙图公案》卷一《阿弥陀佛讲和》就讲了包公请娼妇扮演冤死女鬼，让明修和尚自己道出强奸不成而杀死萧淑玉姑娘的实情的故事。《兰苕馆外史》卷八《张静山观察折狱》则记载了张静山为新安太守时，有两姓争坟互控，稽核旧牍，已历三十年。张静山斋沐祈祷城隍，夜宿庙中，求神示梦。招两造到墓说：“汝两姓各执一词，皆近情理。所恨两无契据耳。既思天下事，有一是必有一非，有一真必有一假。非求神示梦，究不能决。昨特虔祷，宿城隍庙中，果见神传冢中人至，称系某姓之祖，被某姓诬控，求我判断。我已许之矣。顾一经明白宣示，真假既分，是非立决。此后是其子孙方准登山展祭，非其子孙即不得过问。汝两姓皆当别祖，过此以往，不能并至此陇矣。”两姓各自别墓，一敷衍了事，一情真意切，谁是谁非一目了然，案情得以查清，败诉者也心服口服，誓无反复。《聊斋志异》卷二十《胭脂》中山东提学监佥事施愚山在城隍庙中戏说鬼神出来指凶犯，使凶手上当，从而识别出真凶。如果没有宗教迷信的社会氛围，装神弄鬼的计谋是不会发挥作用的，现代的司法者已没有机会表现类似的聪明才干了。

司法者拥有全能的权力，基本上是只要想得到就能做得到，法官办案的方法多样，可采用的手段和措施多样，自由行动空间很大，涉案人员只是被处置和摆弄的对象，这使富有智慧的中国古代法官总能有办法高效地查明案件事实。

点石斋画报插图——秋录大典

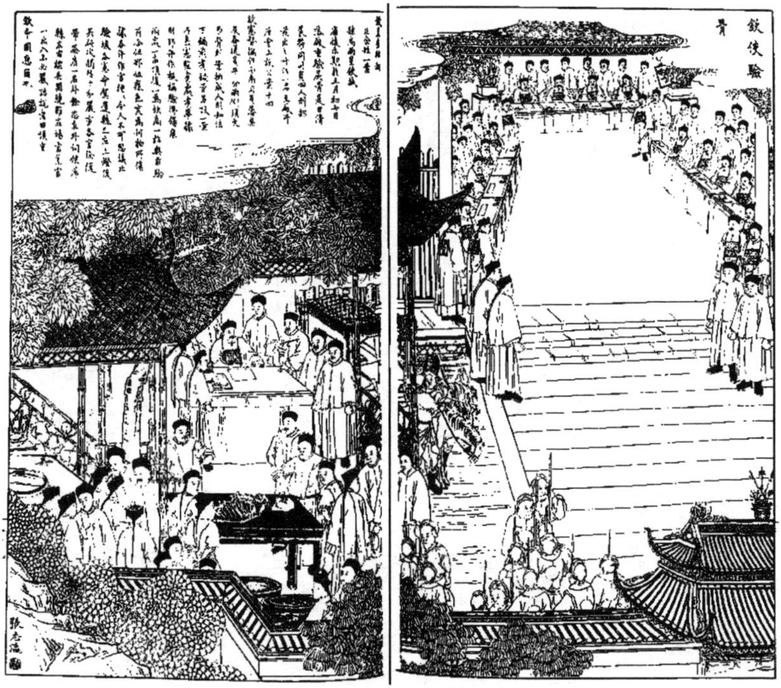

点石斋画报插图——钦差验骨

结　语

当我们怀揣问题和使命去接近历史的时候，当我们相信所谓历史会重演，试图从历史中去寻找解决当下问题的现成答案的时候，实际可能距离历史的真相已越来越遥远，注定会经常空手而归，因为所有的人类实践和生活都是不同的，我们的前辈们只是在他们所处的历史条件下进行着他们的发明与创造，他们的一切都只属于他们自己，其并没有为后世子孙准备现成答案的条件和义务，如果真有这样的好事，那也只能是个别的偶然和意外，而不能当作规律。

历史能开阔我们的眼见，增长我们的见识，丰富我们的经验，提升我们的智力，但它并不以提供解决当下问题的现成答案为使命，不过历史的用途确实也不仅限于提供智力训练，如果是这样，那么一个人就完全可以不用去学习和研究任何历史，因为比其方便与省事的智力训练方法和途径多的是。学习和研究历史对于我们每一个人之所以是必不可少的，是因为事物的发展从来都是连贯的，我们只有了解历史，懂得事物发展的来龙去脉，才能深刻地理解和把握其当下，除此之外别无他法。

我们学习和研究中国古代的司法，绝不是为了以我们的后见之明去褒贬古人，评定他们的是非，那样纯粹是浪费时间，于古于今都无益处。也绝不是为了什么古为今用，古的东西如果真的有用的话，那么只因为它还活在当下，其本身就是当下思想与实践的一部分。我们学习和研究中国古代的司法，只是为了总结历史经验教训，更好地理解我们当下的司法制度和实践，了解其诸多问题的历史根源，明白我们未来努力的方向。

在有限的篇幅内，本书只是浮光掠影似的对中国古代司法的几个面向作了一点简要的回顾，还有许多问题来不及深入研讨，但在这一匆忙考查行将结束之时，笔者认为仍有将自己几年来翻阅史料时的整体感受与体念和盘托出的必要：

第一，专制制度是中国古代司法一切问题的总根源。在专制中国，天下只是皇帝家族的私产，皇帝治理天下只是经营自己的家业，不可否认大多数皇帝出于自利主观上都有治理好天下的愿望和动力，历史上也确实出现过不少所谓励精图治的皇帝，但无论其经营得好还是坏都只是为自己的私利谋划而已，一切政治得失均以君主的利益为判断依据。在君主眼中民众是低贱的，民众只是达成目的的工具，民众的诉求只有与君主的利益不相背离时才能得到认可，在如此政治生态下司法经常与野蛮、非理性等词汇联系在一起。皇帝既是司法者又是立法者，拥有不受限制的权力，时常会自觉不自觉地将其兽性带入司法实践之中，被私欲和眼前利益所左右，而忘记了长远利益，忘记了国家的长治久安，在中国专制时代始终存在恣意妄为的非理性司法。在中国的整个君主专制时代，“法以君为主，君信法则法顺行，君欺法则法委弃”（《潜夫论·本政》），法律的命运始终掌握在君主手里，而类似隋文帝晚年“既喜怒不恒，不复依准科律”（《隋书·刑法志》）这样的现象司空见惯。法制的最大威胁、最大破坏力量始终来自于皇帝，面对皇帝践踏法制、不讲道理的兽行，基本上没有任何救治的办法，偶尔出现一两个像唐太宗那样从谏如流的君主，就令人感激涕零、顶礼膜拜。一言以蔽之，“天下之大害者，君而已”（《明夷待访录·原君》）。

而更为可怕的是，在专制制度下，忠君是官员们的第一美德，爱民只有在忠君这一大前提之下才是有意义的，虽然儒家一再宣扬任人唯贤，但历代实际实行的都主要是任人唯亲的人事路线，是否有能力、是否品行端正均是次要的，最重要的是对君主和上级足够忠诚。下级官员的政治前途和命运掌握在皇帝与上级官员的手中，官员只对君主和上级负责，只看君主和上级的脸色行事，官员与君主、下级与上级形成了严格的人身依附关系，一荣俱荣，一损俱损，政治运作中私人感情的作用远大于法制，各种特殊主义机制发挥着巨大的作用。皇帝虽然有众多的耳目，但要监督和管理好天下所有官员，永远只能是心有余而力不足，何况其本身即是腐败的渊薮。弄虚作假、欺上瞒下、官官相护、互相倾轧、贪腐盛行与两千多年的王朝政治如影随形，这使民众通向司法正义之路变得异常艰难。

近百年来，中国一直在试图走出中世纪，告别专制，告别臣民社会，但历史的惯习太强大。从近年贪腐案件曝光出来的事实看，中国当下官场中的人身依附现象仍然较为严重，上级视下级为家臣的情形仍然存在，这是与官员的权力过大，权力配置过于集中，下级的命运和前途仍然掌握在上级手中，下级依然需要看上级的脸色行事分不开的。什么时候我们所有的政务官员都只拥有有限的权力，各级官员只需直接对民众负责，上下级官员之间的人身依附关系彻底解除了，我们才能说我们真正较为彻底地摆脱了专制主义的影响，告别了中世纪，建成了现代国家。

第二，政治制度决定了司法制度，有什么样的政治制度就会有什么样的司法，不进行政治制度的改革而单纯进行司法改革注定不会取得大的成功。秦以来中国维持了两千多年家天下的政治格局，中国古代司法的制度和实践均是在家天下的政治格局和逻辑下展开的，其间司法制度变革损益多次，不乏可圈可点之处，但是其基本制度框架始终没有大的变化，司法的基本政治逻辑也从未发生本质的改变。司法始终是为皇帝的统治服务的，是专制统治的工具，民众在司法中的境遇从未有实质性的改善，司法在回应民众的诉求上也没有实质性的进步。政治制度走出中世纪，司法才能走出中世纪。中国近现代以来的政治发展就是要以公天下取代家天下，让天下为天下人所有，实现“天下为公”的政治理想，让所有人都成为天下的主人。只有我们真正实现了天下为天下人所有，而不再是一家一姓、一党一派的私有之物；国家是全体国民之国，而不再是一家一姓、一党一派之国，建成了现代国家，中国司法的现代化才有可能实现。不进行政治改革，单纯的司法改革大多数时候只能是劳而无功。人民共和国以人民当家作主为根本政治原则，是对传统家天下的根本性否定，是历史的重大进步，但真正让所有人都成为国家的主人，都真正享受到当家作主的权力，则是一项艰巨长远的历史任务，万里长征，我们只是迈出了第一步。

第三，沿着专制主义的逻辑走到尽头，把愚忠愚孝进行到底，其结果就是死路一条，中国历史上秦和隋王朝的短命就是最生动的例证。中国专制制度之所以能延续两千多年，其间不少王朝之所以能维持两三百年的时间，这深深地得力于中国古代在产生法家等专制主义文化的同时，还存在消解专制主义的儒（公天下、大同、王道、仁政）、道和佛（出世、否定世俗权威）等思想文化，催生了一大批不计个人荣辱得失、顶天立地、把生死置之度外，以天下为己任，具有“为天地立心，为生民立命，为往圣继绝学，为万世开太平”情怀的诤臣能吏，他们以其智慧与柔弱的身躯与专制主义进行着不懈的周旋和斗争，使专制主义之恶得到了部分消解，使国家维持了相对理性与稳定的局面，也创造了世界同时期相对先进的法制与司法文明。近现代以来，我们的历次反传统运动在革专制主义命未果之际，也将中国传统士人以道自重、富有使命和担当精神的精英文化给抛弃了。事实证明，由一堆庸人主导和运作的现代国家机器能创造出比中世纪更坏更恐怖的政治与司法后果，如何使我们的司法官员在当下以及未来具有高尚的职业伦理和操守是我们始终面临的问题。对此，我们需要借用中国传统的思想资源，向中国古人学习。

第四，司法就是讲道理，和平与理性是其基本特征，所以任何时候司法强大都不可怕，相反，政治挤压司法，甚至取代了司法，才是最大的危险。在古代中国，政治结构和功能分化是有限的，在地方上，司法与行政不分，行政官员兼理司法的现象较为普遍，司法只是政治的工具和手段，政治挤压司法，时或甚至取代了司法，根本不存在什么司法独立与自治，只是在君臣分职的话语之下，在君主相对明智时，具有“为生民请命”精神的个别臣工以法抗争偶或取得了成功，创造了依法办案的所谓佳话。历史经验告诉我们，维持一个独立自治的司法是社会繁荣稳定的基础，任何时候司法强大都是可喜可贺的事情，都不用任何担心，因为司法是一种讲道理的社会实践活动，本身受法律约束，不可能干出荒唐的事情。对于司法我们唯一要注意的只是不要让司法者像中国古代皇帝那样同时掌握着立法权，只要立法权与司法权真正相分离，司法权再强大都不可怕，在“司法部门既无军权，又无财权，不能支配社会的力量和财富，不能采取任何主动的行动”[①]的情况下我们怕什么呢？有人担心宪法司法化后一切是非都由最高法院说了算会损害到最高领导核心的权威，说什么搞宪法司法化中国就可能会出现两个领导核心，这是混淆视听的浅陋之见，不值一驳，听其言将严重损害我们的政治发展和司法文明，对我们的事业将百害而无一益。借鉴历史经验，对于中国的司法权，当下以及今后我们真正也是唯一要监督和防范的只是法院通过行使司法解释权而事实上僭越了立法权。

最后，继承和扬弃是创造新文明的不二法门，我们应当以开放的精神、国际的眼光，取精用宏、博采众长，创造出更高的华夏司法文明。自清末以来，先进的中国人不断地向西方学习，在西学东渐的过程中，保障人权、司法独立、陪审制度、辩护制度和既判力等理念与制度被引进到了中国，中国传统的司法无论其理念还是技术均遭到了批判，完成了一次否定，而中国共产党人创建的人民司法又对民国期间的资产阶级司法进行了一次新的否定，根据否定之否定规律，与民国期间的资产阶级司法相比人民司法与中国传统的司法更为相似，其在理念与技术上仿佛是向中国古代司法的“回归”，这一点常常被人们有意无意地忽略了，同时也是大多数共产党人不愿意承认的事实，因为作为革命党，反传统、反专制一直是其最得意的旗帜和标签，但历史事实不容否

① [美]汉密尔顿、杰伊、麦迪逊:《联邦党人文集》，程逢如等译，商务印书馆1980年版，第391—392页。

认。在中国古代，司法与政治不相分离，法律是君主的工具，司法则是工具的工具，而人民司法同样坚持政治与司法不相分离的立场，要求司法必须服从政治领导。中国古代司法发挥着多项功能与作用，只是社会综合治理的工具，而人民司法同样反对“办案是单纯技术工作”的观点，强调司法要为政治服务，为中心工作服务，为经济建设保驾护航。在中国古代没有既判力的理念，只要当事人不服，官司就可一直打下去，而人民司法坚持“实事求是，有错必纠”的政策与理念，只要有错，不管判决是否已终审生效都可重新启动再审，同样不承认“一事不再理”的理念和制度。在中国古代，司法官员拥有民众父母和老师的双重身份，司法只是其推行政治教化的重要场域之一，教化是司法的重要方式和内容，而人民司法的干警在道德和政治觉悟上同样高于普通群众，人民司法也十分重视教化，教化（做思想工作，灌输革命意识形态）同样是其基本方式和内容。中国古代司法重视实质正义，在儒家思想的影响下强调能动司法，重视对社会现实问题的解决与回应，而人民司法同样反对法条主义，高举能动司法的旗帜，强调法律效果与社会效果相统一。当然这种“回归”、相似只是表面上的，人民司法是怀抱解放使命的德性司法，在旨趣、目标、任务和指导思想等诸多方面均与中国古代司法存在本质上的重大不同，最突出的事例是中国古代的司法者是骑在民众头上的官员，而人民司法的干警只是为人民服务的“同志”，中国古代司法的等级结构被共产党人彻底砸碎了。经过否定之否定，人民司法是更高级、更全面的新生事物。历史就是这样富有诗意，共产党人虽然高举反传统、反专制的旗帜，但实际上他们却是中国传统司法文化（特别是循吏司法文化）最忠实的继承人，与中国的资产阶级相比，他们向中国古代世界学得最多，获益也最多。20世纪80年代晚期开始的司法改革，开启了对人民司法的局部否定，这一过程至今也望不到尽头，但愿改革的后继者能借鉴和学习人类的一切文明司法成果，取精用宏，在扬弃的基础上达致更高的历史综合，使我华夏文明重新获得话语权，找回久违的自信。

【推荐阅读】

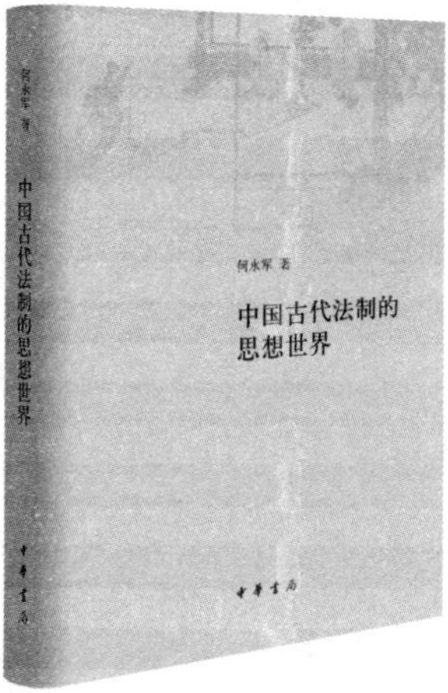

书　　名：中国古代法制的思想世界

作　　者：何永军

出 版 社：中华书局

出版时间：2020年8月

内容简介：天、神、君、民是建构中国古代政治和法制的四种基本力量，中国古代各家政治哲学的分歧就集中体现在对这四者关系的不同理解上。“天生烝民，有物有则”，中国古人认为万事万物都有自身的道（规律和规则）。天有天道，神有神道，君和民作为人都遵循人道，君治理国家对天、神、民均要有所交待和安顿，最终形成了以王道和霸道为主要形态的君道（治道）。天道、神道、人道和君道正是建构中国古代政治和法制思想的思想，中国古代的政治和法制就是建立在这四道基础之上的，它们共同构成了中国古代法制的思想世界。